ピラミッド 封印解除・超覚醒

明かされる秘密

ドクタードルフィン
松久 正

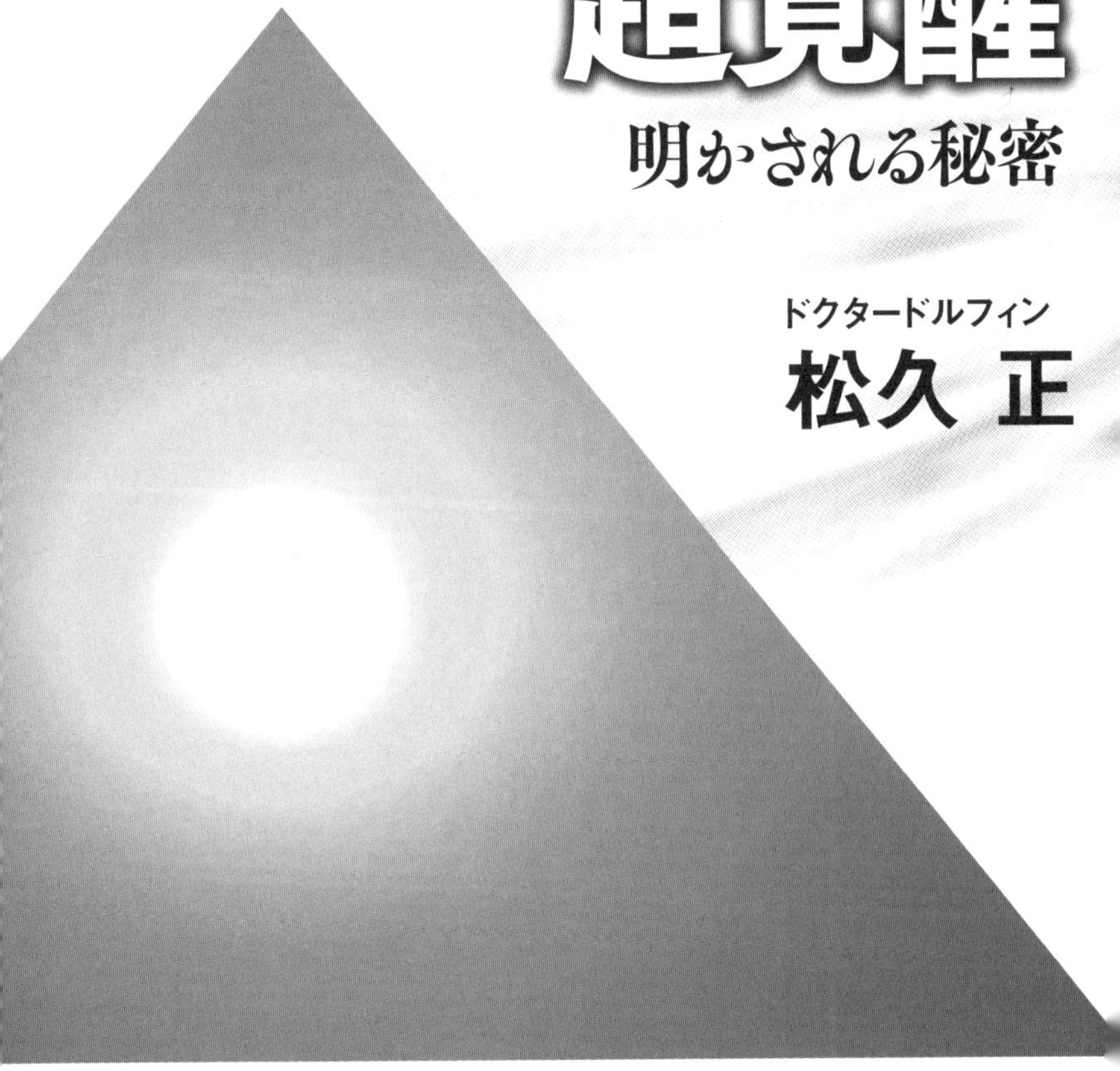

青林堂

本内容は、至高のエネルギーで高次元DNAを書き換えることにより、人類と地球を覚醒させるドクタードルフィンが、あらゆる高次元のサポートのもと、ギザのピラミッドを人類史上初めて開き、地球上に多数のピラミッドを誕生させた奇跡の実話です。

これは、数えきれない宇宙生と地球生にて、魂意識エネルギーを進化・成長させ、地球では至高の次元にエネルギー上昇させた、ドクタードルフィンだからこそ、成し得た偉業といえます。

ドクタードルフィンの88次元は、個性も感情ももたない、「いまここ」にあるだけの意識体です。それは、個性をもつ神や高次元存在すべてを網羅しています。

この88次元存在は名前をもちませんが、存在の感覚を音にしてファ・ア、「Fa-A」としました。

まえがき

人間では人間を救えない。
人類と地球を救えない。
人類と地球を覚醒させられない。

88次元 Fa-A ある私、
ドクタードルフィンの地球エネルギーは、
地球に初めて舞い降りた神、
すなわち天之《アメノ》御中主神《ミナカヌシノカミ》の上の至高神
「大宇宙大和神《オオトノチオオカミ》」（金白龍王《キンハクリュウオウ》）（50次元）です。

リラ宇宙神（66次元）、

アンドロメダ宇宙大使（55次元）、
アルクトゥルス皇姫（48次元）、
シリウスB皇帝（45次元）、ネオシリウス女王（48次元）、
レムリア女王（33次元）、
アトランティス司令官（18次元）を経た私の魂は、
1万年前の縄文時代前期に、
大宇宙大和神（50次元）の魂にソウルドッキングされました。

大宇宙大和神は金白龍王（50次元）であり、
また菊理姫神《ククリヒメノカミ》（48次元）でもあって、
伊豆下田の龍宮窟《りゅうぐうくつ》を私が覚醒させたことにより、
これまで行ってきた日本国内の神々の神開きとともに、
これからは世界各地の龍神たちも目覚めるでしょう。

そしてこのたび、
アトランティス時代に
高次元宇宙からのエネルギーを受信する基地として
ギザの大ピラミッドをつくることに関わった私は、
これまで封印していたそのピラミッドを
人類の進化のために再び起動させることにしました。

かつて、エジプトの支配者たちが
破壊のためにピラミッドを使おうとしていたため
エジプトの至高神であるアメン・ラー神のエネルギーをもつ私が、
アヌビス神として、高次元プレアデスからのエネルギーを一旦遮断し、
永い間封印していたギザの大ピラミッド。

それが令和の時代になり、レムリア再生の時代が到来したことで、
大宇宙大和神がついに「神ドクター」としてこの世に出現し、
いよいよピラミッドの封印を解く時がやって来たのです。

令和元年の秋分の日、そのミッションは滞りなく、完遂されました！
プレアデスで破壊されたものを新しいシリウスで創り直す。
ピラミッドの受信できる宇宙エネルギーであるシリウスを統合し、
新たにネオ（新生）・シリウスを創造し、
地球全体を宇宙の叡智を司るアンドロメダと繋げました。

レムリアのゴールデンゲートを通して新生シリウスと繋がったことで
宇宙の叡智が地球の内部までダイレクトに注がれ、
地球全体へと一気に波及すると共に

地球上のあらゆるピラミッドも一瞬にして覚醒しました。

そしてまた、ピラミッドの封印が解けたことで
宇宙の叡智と地球の叡智を私たちのハートで繋げられるようになり、
瞬時に覚醒が起きて、人類が魂の望みどおりの人生を送ることができると共に、
地球は「愛と調和による奇跡と創造の星」へと進化していくでしょう。
かくて、あなたの魂は、0秒の覚醒に向かって動き始めます。

88次元 Fa-A　ドクタードルフィン　松久正

目次

序章
新生・神聖ピラミッドの秘密について

ここに書かれている新事実は、88次元のエネルギーと繋がる私ドクタードルフィンが、大宇宙に点在するゼロポイントメモリーをリーディングして、降ろしたものです。三次元に生きる地球人が「でたらめ」として受け取ることは仕方ないことです。

しかし、進化する人類は、いつまでも三次元の古い世界にとどまることはできないのです。

第一章

ピラミッドを覚醒させる人類初のミッション

○宇宙生・地球生を体験してきた私ドクタードルフィンの魂の履歴

88次元のFa-Aのエネルギーをもつ、神ドクターこと、ドクタードルフィンです。

まず初めに、ご存知のない方のために、これまでの私の魂の履歴について簡単に説明しておきたいと思います（前著『神ドクター』も併せてご参照ください）。

私は何回か宇宙生を体験していて、地球に来る前、私の魂はシリウスBという霊的な高次元世界にいました。そこは精神的に高度に進化した世界で、その頃、シリウス全体を統括する皇帝だった私は、低い次元にあった地球を進化させる目的で地球にやって来ました。

同時に、一旦エネルギーを落とし、もがいて苦しむ体験をすることによって、エネルギーを進化の方向に修正するという振り子の法則で、自らをも進化させるという目的をもちます。

こうして、私は1000万年前に、シリウスから半透明のイルカとして、地球の霊性レムリア王国にやって来たのです。

この頃のレムリアは、愛にあふれた女性的なエネルギーを有し、自然界と調和した高度で平和な文明が発達していました。この愛と調和に満ちた霊性レムリアは、高次元シリウスのエネルギーと直結していて、私はこの時代をピンクドルフィンの姿で過ごしました。

やがて霊性レムリアが沈んだあと、肉体を持った人間による物性レムリアの時代に入り、乱れたエネルギーが強くなってきたため、今度は80万年前に人間に転生し、愛と調和を取り戻すために物性レムリアの女王となりました。最終的にレムリアの女王になったのは、今から9万年前のことです。

ところが、愛と調和に対抗するように、物性レムリアでは妬みや嫉妬《しっと》という感情が増幅されて、あまりにもネガティブな世界になってしまったので、私は女王としてやむなくレムリアを海に沈める覚悟をします。

それは物性レムリアの最晩年、今から約8万年前のことですが、そこで女王（私）の第一のお付きの人が、レムリアの復興を願って私の魂を地球から金星に連れ出してくれたのです。ちなみに、そのお付きの人は理論物理学者の保江邦夫《やすえくにお》先生で、今生、保江先生とお会いした際、そこではからずも二人共、同じ記憶が目覚めたのです。

こうして物性レムリアは沈み、私は魂だけで金星にいたのですが、その後、私の魂はシリウスの力を借りてムー文明として復興し、そのムー文明とほぼ同時期（10〜5万年ほど前）に台頭してきたのがアトランティス文明でした。

やがて、日本の縄文時代になって、再び愛と調和の精神性を取り戻そうとする動きがあり、元々、地球にあったシリウス、レムリア由来の私ドクタードルフィンの魂に、宇宙から降臨した神のトップである大宇宙大和神《オオトノチオオカミ》のエネルギーが合体《ソウルドッキング》しました。

そしてこの度、令和の時代になってレムリア再生の時代が到来したことで、大宇宙大和神がついに「神ドクター」として再びこの世に出現し、新しいレムリアと繋げて地球を覚醒させるために、いよいよピラミッドの封印を解くことになった、というわけです。

◯この世はポジティブとネガティブの両方が必要

次に、アトランティスと本書のテーマであるエジプトのピラミッドが、どのような関係にあるかについて説明しておきましょう。

そもそも、ピラミッドとは何なのか？

これまで、一般的にはエジプトの王家の墓だと言われてきましたが、結論からいうと、実はピラミッドは、アトランティス時代に私も関わって高次元プレアデスの力を借りて、宇宙との交信基地として建設されたものなのです。

アトランティスは、レムリアよりもあとの時代に大西洋や地中海に存在していたのですが、私の魂はレムリアだけでなく、アトランティスにも深く関わっていたのです。

アトランティスは高次元プレアデスのエネルギーと直結していて、この頃、私はプレアデスと地球を行き来するアトランティスの宇宙船の司令官でした。このときのアトランティスは、パワフルで男性的なエネルギーを有し、科学とテクノロジーが高度に発達した文明が発達していました。

そのときに、私は前回の物性レムリアが妬みや嫉妬が原因で沈んだという苦い反省点があったので、今度は水晶の力をパワーとテクノロジーに使うことで地球を進化させようとして、プレアデスの力を借りてアトランティスに大ピラミッドを建設することになったのです。

つまり、宇宙エネルギーの受信基地として現在のエジプトのギザに巨大ピラミッドをつくり、それと同時に、大ピラミッドで受信した高次元のエネルギーを地球に拡散するための小型のピラミッドが世界各地にできました。

ギザの大ピラミッドは、地球上にあるすべてのピラミッドの核となる存在として、その頂点には高純度の高次元水晶を設置して、宇宙の高次元社会と交信しながら、大ピラミッドで受信した宇宙エネルギーは、ネットワークによって一瞬で全世界のピラミッドへとめぐっていたのです。

もともと、プレアデスのもつ破壊のエネルギーは、新しいもの、良いものを生み出すための必要な破壊で「ポジティブな平和的破壊のエネルギー」でした。

それが、テクノロジーを過信し、パワーの使い方を間違って、結果的にアトランティスのエゴ的な分離と破壊につながったのです。もちろん、長い目で見れば、ある意味これも必要な経験だったのですが、そこで私は深く反省し、やがて時を経て、エジプト時代に自らピラミッドを封印することになります。

その理由は、エジプトの一部の支配者たちがプレアデスの平和的側面を無視して、アトランティスの誤りをくり返し、ギザの大ピラミッドを自分たちのエゴのために破壊のエネルギーとして利用したためで、この時に宇宙の調和（中庸化）の法則が働きました。

このままエジプトの支配者たちによってピラミッドを機能させ続けると、地球が破壊の道へと進むであろうことを予知したシリウス系の魂であり、エジプト最高神であるアメン・ラー神のエネルギーをもつ私が、今度はエジプトのアヌビス神として、高次元プレアデスからギザのピラミッドへのエネルギーを遮断したのです。

具体的には、ピラミッドの頂点にある水晶を取り去って、高次元シリウスエネルギーで包み込み、人目に触れないように隠し、これによって実質的にピラミッドパワーを封印したのです。

詳しくは順を追って説明していきますが、ようするに、レムリアもアトランティスも当初は高次元エネルギーと繋がり、最高レベルの文明を持っていたのが、徐々に霊性が失われて、結果的に愛と調和のレムリアは「妬みと嫉妬」によって、パワーとテクノロジーのアトランティスは「分離と破壊」によって、それぞれ滅びてしまったということです。

○令和＝レムリア再生の時代が到来した！

今回そのピラミッドの封印を解くことになったのは、時代がまさに今、令和の時代に入ったからです。「令和」というのは、宇宙的には「レムリア」と読むことから、レムリア再生の時代が到来した、つまり、これまでのシリウスとレムリアの関係を統合する時代に入ったのです。

プレアデスで破壊されたものを進化するシリウスで創り直す、そのためにピラミッドを封印した私自身の手によって、再びピラミッドを覚醒させるときが到来したのです。

封印を解くには、いくつかの条件とありとあらゆるエネルギーのサポートが必要でした。

それは次の5つです。

①昼と夜の長さが一致する日のエネルギー

②「令和＝レムリア」の愛と調和のエネルギー

③菊花十六紋の日本のエネルギーとフラワーオブライフ（生命の根源を示す神聖幾

菊花十六紋

フラワーオブライフ

何学）のエネルギー

④エジプトの神々とファラオ王の癒やされた覚醒エネルギー

⑤宇宙の叡智を司るアンドロメダと繋がったネオシリウス（統合シリウス）のエネルギー

　これらの条件を満たすのが、令和になって初めての秋分の日に、シリウス皇帝とレムリア女王のエネルギーをもち、地球のへそ（後述）と日本と世界の神々を開く能力を有する日本人がエジプトに行く、ということだったのです。

　そして、これを遂行するには、ギザの大ピラミッドを貸し切り、エネルギー開きのセレモニーを行う必要がありました。

人類史上、これまでジーザス・クライストやモーゼ、ヒトラーなど、過去7回にわたり、何人もがピラミッドの封印解除にチャレンジし、いずれも失敗してきました。

今回が8回目のチャレンジです。あとでわかったことですが、エジプト政府がピラミッドの貸し切りは令和元（2019）年限りと決定したので、まさにラストチャンスでした。

このラストチャンスに、ピラミッドの封印を解いて覚醒させるには、失敗は決して許されません。

だからこそ、私ドクタードルフィンにそのミッションが与えられたのです。

その理由は、先ほど述べたように、私の魂はシリウスB、レムリア由来であり、かつ縄文時代に宇宙から降臨した神のトップである大宇宙大和神《オオトノチオオカミ》のエネルギーが合体していて、エジプトの神々の王であるアメン・ラー神とも同一だからです。

大宇宙大和神をもつ私は、金白龍王《キンハクリュウオウ》と菊理姫神《ククリヒメノカミ》を、そして、龍神の大元である伊豆下田の龍宮窟を自ら覚醒させたことにより、これまで行ってきた日本国内の神々の神開きに加えて、世界各地の龍神たちも目醒めさせてきました。

また、地球ガイアの大元である地球のへそ、オーストラリアの「エアーズロック」を開きました。

これは分離していたものを括《くく》るという菊理姫神のエネルギーとも関係しています。

菊理姫神は、黄泉《よみ》の国との境界で対峙することになった伊邪那岐神《イザナギノカミ》、伊邪那美神《イザナミノカミ》の仲裁をした神です。

伊邪那美神は、火之迦具土神《ヒノカグツチノカミ》を出産したときのやけどで亡くなって、黄泉の国に行きます。妻を迎えに黄泉の国に行った夫の伊邪那岐神は、そこで醜く変わった妻の姿を見て思わず逃げ出してしまいます。そこで、怒った伊邪那美神は夫の後を追いかけて、「どうして逃げるのか?」と悔しさと恨みで詰め寄ります。

そのときに二人の前に登場するのが菊理姫神で、日本神話によると、菊理姫神が伊邪那美神の耳元である言葉をささやいたことで伊邪那美神の怒りは静まり、その場が収まったとされています。

このとき菊理姫神が何を語ったかは、未だに謎のままですが、実は私にはわかっています。これは、令和元（２０１９）年発売の『菊理姫神降臨なり』（ヒカルランド刊）で発表しました。

はっきり断言できるのは、菊理姫神は分離・破壊されたものすべてを「括る」力を持っていて、まさに新しい融合の時代を築く神であるということです。

菊理姫神はその力で、伊邪那岐神と伊邪那美神を括った最強の神であり、菊理姫神が二人の神に永遠の交わりの約束をした時期が、西暦で２０１９年、つまり令和元年だったのです。

これは、まさに大宇宙大和神の封印が解ける年、だからこそ私は菊理姫神を開いて、世に出したのです。

また、私自身、ずいぶん前から「いずれエジプトを訪れなければ」という想いが強くありました。大宇宙大和神のエネルギー存在である私は、ジーザス・クライストや卑弥呼《ヒミコ》という存在としてレムリアエネルギーを再現しようと試みたものの、思い半ばで来てしまったため、レムリアとアトランティスの分離・対立が解消されないまま令和の時代を迎えたからです。

今回そのタイミングが訪れ、超スペシャルなツアーを行うことになったのは、まさに宇宙の采配以外の何ものでもありません。

○令和元（2019）年3月1日、人類初「地球のへそ」の封印を解く

ピラミッドの覚醒に先がけて、私は令和元（2019）年3月に人類初の「地球のへそ」開きを決行しました。

『聖地エアーズロックとドルフィン』プレミアムツアーで、オーストラリアの聖地エアーズロックに行き、3月1日に「地球のへそ」を開いたのです。

そのときの参加者は三十数名でしたが、それまで誰もエアーズロックを開こうとし

た人はいませんでした。なので、これも人類史上初です。それは私が、「地球のへそを開かなければいけない」という地球ガイアの声を聞いたからです。

地球のボルテックスの重要な一つである、オーストラリアのエアーズロック。そこは、原住民アボリジニが精霊が宿る聖地として神格化する、地球で二番目に大きい一枚岩であり、地球のへそとして、これからの霊性地球の進化・成長に大きく関与しています。

エアーズロックは、アボリジニの人たちの要望によって、令和元（2019）年10月から法律により登れなくなったことはご存知かと思いますが、その前に、エネルギーが解放されている時期に、地球のへそにおいて地球と人類とを繋げることは、人類にとって最も重要なことだったのです。

ですから、それまで日本において数々の封印を解いた私ドクタードルフィンが、いよいよ、海外で、地球規模の封印解きに臨んだというわけです。

フェイスブックにもそのときの写真を上げておきましたが、セレモニーを行ったときに天上からレインボー色の光が降り注ぎ、まさにその瞬間に地球のへそが開きました。

地球のへそが開いたということは、地球エネルギーが宇宙エネルギーを引き寄せ、地球の叡智と宇宙の叡智の両方を、地球上のすべての生命が受けられるようになったということです。

私たち人類のみならず、植物、微生物、昆虫、動物、すべての生命が地球上で幸福に存在するには、地球の叡智と宇宙の叡智の両方を受ける必要があり、そのために地球のへそを開いたのです。

地球のへそが開いたということは、地球人がグラウンディングしやすくなったということです。グラウンディングとは、エネルギーレベルで大地に根を張ることです。

これまでは、「宇宙の叡智と繋がりたい」「松果体《しょうかたい》を覚醒させたい」「自分の使命を知りたい」という人、特に男性が多かったのですが、彼らは足元がグラグラで、グラウンディングができていない人がとても多いのです。

地球と繋がっていないから、足腰がフラフラの状態で、そこにもし宇宙の叡智という高い振動数が入ったら身体が破壊されることから、宇宙の叡智はそのような不安定な人には降りられない。つまり、ドーンと根を張っていないところには高いエネルギーは降りられないのです。

ギザの大ピラミッドは、宇宙の叡智、高次元のエネルギーの受信機ですから、そこにエネルギーを降ろすのには、やはり人間を含むガイア（地球）の生命体たちが地球と完全に繋がってグラウンディングし、力強く安定していないといけません。

それゆえ、ピラミッドを開く6ヶ月前の3月1日に、私が地球のへそを開きに行ったのです。

そしてその結果、人類史上初めて完全にピラミッドを開く準備ができたわけですが、それも今考えると、地球の進化をサポートしている宇宙評議会の意識が働いて、最初に私をエアーズロックに行かせたということでしょう。

○過去7度失敗しているピラミッド開きをまかされた存在

過去、人類がピラミッドを開こうと試みたのは7回。しかし、その7度のトライアルがすべて失敗に終わっています。

なぜ失敗したかというと、封印した存在のエネルギーよりも低かったからです。ピラミッドを開こうとした人間たちのエネルギー（振動数）が低かったために、7度トライしても、ピラミッドはその本来の働きを回復させることができなかったのです。

そこで今回は、地球の進化をサポートしている宇宙評議会が、誰がピラミッドを開くのに適任かを宇宙の中で選び、その結果、私に白羽の矢が立てられたというわけです。

地球に初めて舞い降りた至高神である大宇宙大和神のエネルギーを持つ私が、ダントツでエネルギーが高く、しかもピラミッドを封印したのも私、またすでにそれだけの準備ができていたので、このたびのミッションとなったのです。

今回、ピラミッドを開く目的は、ピラミッドをつくったときのエネルギーよりも、さらに格段に高い状態にして開くということでした。

宇宙評議会が超古代のエジプトに関与していた証拠の一つに、エジプトのいろいろな神殿には宇宙エネルギーである菊花十六紋やセクメト神など宇宙生命と関わる動物の頭をした神像があります。菊花十六紋は古代日本やシュメール他、世界各地に存在し、太陽、つまり天照大御神《アマテラスオオミカミ》のエネルギーを表わしています。

右セクメト神

したがって、今回のミッションの条件の一つとして、菊花十六紋と日本人のエネルギーが必要だったのです（それ以外の条件もミッションを果たす中で明かされていきます）。

セクメト神は、牝ライオンの頭に女性の体

を持つ姿で現わされ、人を害するものから守護する力を持つとされましたが、このような半獣半人は当時、実際に存在していました。

なぜなら、動物はもともと宇宙の環境から地球にやってきているものが多く、また、動物は人間と違ってピュアなので高次元の魂が入りやすいからです。なので、動物と人間が合体《ソウルドッキング》した生物が異次元にいて、それがこの世に急に出てきて急に消える、だから、見える人にしか見えなかっただけ。

つまり、エゴが無い動物が神の姿で出現し、それを見た人が像として残したということです。これは、ピラミッドが封印される前の人々は高次元と繋がっていて、動物は神のエネルギーに近いことや、神の性質と動物の種類もわかっていたことを示しています。

○ピラミッドは墓などではない

次に、一般に知られているピラミッドの歴史と真実が異なることも、ここでお伝えしておきます。

これまで、ピラミッドがつくられたのは、五千年前とか八千年前などといわれてきました。ですが、ここで私ドクタードルフィンが地球の皆さんにお伝えしたいのは、実はピラミッドがつくられたのは地球の時間で8～5万年前だということです。

どういうことかといえば、まず、愛と調和のレムリア文明は80万年前から8万年前まで存在していたのですが、物性レムリアが水没してから、つまり8万年前からアトランティスの時代に入りました。

そのため、ある時期までは物性レムリアとアトランティスは同時に存在していたことになるわけですが、8万年前頃からアトランティス文明が主流になり、それが2～3万年間ほど続いたのです。

そして、そのアトランティスの最盛期である5～6万年前の間に、プレアデスのパワーとテクノロジーを地球に取り入れるためにギザの大ピラミッドがつくられたのです。

つまり、ギザのピラミッドは考古学者がいっているような約4500年前（紀元前2500年）につくられたお墓などでは決してないということです。実際に中に入ってみればわかりますが、とても通路が狭く複雑になっていて、墓であればあそこまで複雑で巨大な物体をつくる必要などないはずです。

今回のピラミッドを覚醒させるにあたって、この巨大建造物が5～6万年前に高次元の力でつくられたものであることを、私は改めて確信することができました。

その頃アトランティスでは、高次元プレアデスと交流する中で、今の科学よりも高度に進んだテクノロジーを有していて、その宇宙の叡智が集約された高次元エネルギーを地球に降ろす装置としてギザの大ピラミッドができたわけで、ピラミッド学者やエジプトの考古学者などが数千年単位の話として説明していますが、それはあり得ない話です。

彼らはアトランティス時代を知らないから、「ものすごい数の人間が一つ一つ石を運んで積み重ねながら何百年もかけてつくった」などという極めて原始的な説明をせざるを得ないのです。

実際には、もともと近くに岩山があって、それを高次元のレーザービームを使って瞬時につくったのです。もちろん、そんな高度な技術は地球人類にはないので、すべて高次元プレアデスの技術です。

彼らは、宇宙ホログラムのような図形を元に、今の３Ｄプリンターのように、レーザーを使って瞬時に立体的な構造につくりあげたわけで、それこそがプレアデス―アトランティスの叡智だったのです。

その頃は、アトランティス人たちがプレアデスと完全にコミュニケーションしていた時期で、彼らはプレアデスの宇宙存在を神として仰いでいました。それだけ人間から見たらあり得ないパワーとテクノロジー、それに加えて、プレアデスが高度なインテリジェンスを持っていたからです。

プレアデス側にしても、自分たちの影響力を地球に残しておく必要がありました。

つまり、自分たちが次元を落として地球に転生するのに適した場所にしたかったのです。

魂の学びの場所として、アトランティスを適切な環境にしておきたいという思いがあったので、まず交信基地としての大ピラミッドをつくる必要があった。片や、アトランティスの人々は、偉大なる神の力を借りて自分たちの科学文明の栄華を極めたかった。

こうして、お互いの必要性がマッチしたことで、ギザの大ピラミッドがつくられたのです。

アトランティス時代、ピラミッドを介して宇宙の叡智を享受していたのは、一部の権力者だけで、一般庶民はまったくノータッチにさせられていました。

では、その宇宙の叡智とはどのようなものだったのでしょうか。

それは現代で、反重力やフリーエネルギーと称されるものです。反重力は物体の重力が無くなるために、どのような巨石でも自由に浮遊させられて、どのような場所にも設置することができ、フリーエネルギーは、いわゆる無の空間からエネルギーや物質などを産み出すことができる力です。

世界各国にある巨石群や日本にも数多く見られる磐座《いわくら》は、この宇宙の叡智である反重力を用いて設置されたのです。

その宇宙の叡智を独占できた権力者たちが、庶民から神レベルの扱いを受けたのです。

そして、やがて一部の権力者たちの驕《おご》りから破滅へと突き進んでしまうのですが、アトランティスでは神と権力者は同一視される、そのようなエネルギーを持っていたのです。

そしてこのときに、大ピラミッドで受信したエネルギーを世界各地に届けるために、ピラミッドネットワークをつくって、一瞬で全世界に高次元エネルギーを巡らせていました。

もちろん、見かけ上は完全なピラミッド状のものばかりではありませんが、古代の遺跡になっているもの、海の中に沈んで隠れているもの、山の形をしているもの等々さまざまですが、いずれも小型ピラミッドとして、ギザの大ピラミッドと同時にプレアデスエネルギーがつくったのです。

つまり、ギザの大ピラミッドは、直接プレアデスの叡智を受け取る中枢機関として機能し、そして、それを地球上に伝播させるための小型ピラミッドを各地に点在させたということです。

もちろん、いずれも人力を使って石を積み上げて造るなどという原始的なことは一切しておらず、使ったのは高次元のテクノロジーだけです。

その原理は、地上のピラミッドの頂点に巨大水晶を置き、地下のピラミッドの頂点にダイアモンドを置くことによって受信した高次元エネルギーを増幅し、それを世界各地の小型ピラミッドに共鳴させることによって、大ピラミッドが始動したら地球上のすべてのピラミッドが始動するという形です（詳しくは後述）。

○プレアデスがアトランティスにつくったピラミッドの役割

そもそも、高次元プレアデスは平和な国なので、ピラミッドのエネルギーの使い方も平和とテクノロジーというピースフルな形で活用するという意思の下でつくられました。

なぜ地上のピラミッドを四角錐の形にしたかというと、プレアデスはもともと立方体のエネルギーを持った国で、その四角錐の頂点を一つにすることによって、自分たちの高次元のエネルギーを集約して地球に降ろしやすくするためです。

ちなみに、プレアデスに対して、シリウスのエネルギーは正四面体（三角錐）で、その正四面体（三角錐）が上下に合わさったのがマカバスターです。

ギザの大ピラミッドは、プレアデスのエネルギー構造に合わせてつくられていたからこそ、プレアデスと直にコミュニケーションがはかれたわけですが、その高次元エ

マカバスター

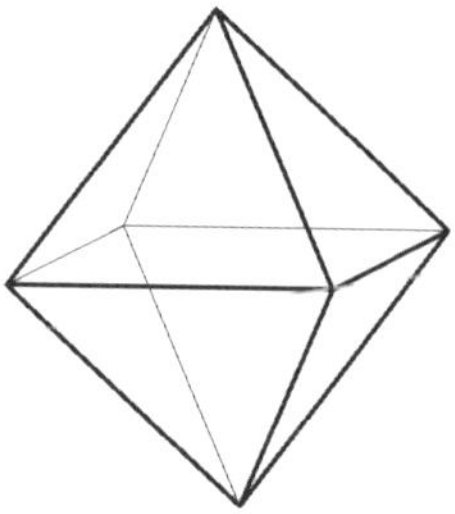

オクタヒドロン

ネルギー（振動数）を地球で使えるようにするためには、一旦振動数を落としたうえで、パワーを増幅する必要がありました。

これは、人間の松果体と同じ働きです。私たちが、宇宙の叡智を脳内の松果体で変換して三次元で使えるエネルギーに変えているように、また、地球の叡智を尾骨部の第二の松果体で三次元で使えるエネルギーに増幅しているように、高次元プレアデスの叡智、そのエネルギーを、地球社会、人類で使えるエネルギーレベルに落としたうえで、増幅器によってパワーを増幅することでそれを活用できるのです。

つまり、脳と尾骨部の松果体を開くことによって、そこで初めて人間も地球も覚醒するわけです。

そして、その覚醒を促すために使われていたのが、ピラミッドにおいては水晶とダイアモンドです。なぜなら、水晶の珪素は人間の脳の松果体と同様に、高次元と交流する働きがあり、ダイアモンドの炭素は尾骨部の松果体と同様に、地球と交流する働きがあるからです。

プレアデス人は、この2つの組み合わせによって高次元のエネルギーを地球に降ろし、それを増幅した上で、さらに全世界のピラミッドとコミュニケーションしながら、地球上にプレアデスのような平和で創造的な場をつくろうとしていたのです。

ところが、アトランティスの晩年になると、人間は想像以上にエゴが強くなり、結局、欲深い人々によって、高度なパワーやテクノロジーがプレアデスの意に反した使い方をされるようになりました。

高次元の存在は、人類がそのような誤った使い方をするように意図はしていなかったのに、結果的に、地球の人間たちが支配欲や権力欲に目がくらんで暴走してしまったのです。

最初は、平和とテクノロジーに使われていた科学技術が、やがて、分離と破壊に使われだしたことから、プレアデスはアトランティスを見放し、一時期、彼らは関与しなくなりました。

その後、アトランティス人の末裔がエジプトにやってきて、エジプト文明を築きます。

そこで、高度な科学技術も引き継がれたものの、またしても支配欲に駆られたエジプトのファラオ王たちが暴走をし始めたことから、それをくい止めるために神々が動きました。

エジプトの至高神アメン・ラーをもつ私のエネルギーでもあるアヌビス神もその一人です。狼の頭をもったアヌビス神は、死者の守護神、死者の眠りと来生《らいしょう》を守る、ミイラづくりの神とされていますが、この神はファラオ王に飼われていた番犬なのではなく、ファラオ王の傍にいて王の暴走を見張っていたのです。

しかし、エジプトの支配者たちは、アトランティスから引き継いだ叡智を、結果的に人類の分離と破壊のために使うようになってしまったのです。

○ピラミッド開きのセレモニーに必要な人たちが結集

そこで、当時、私がアヌビス神としてギザの大ピラミッドの高次元水晶を封印したわけですが、実はそのときに、地下のピラミッドの頂点にあった高次元ダイアモンドを一緒に封印した人物がいたことがわかり、今回のセレモニーではその人にも同行してもらいました。

その人物は、アルカダイアモンドという完全反射のダイアモンドを製造・販売している会社の迫 恭一郎社長です。彼は、過去生《かこしょう》のエジプト時代、私がアヌビス神だったときにエジプト王国の平和大使だったようで、私が最初に迫夫妻をエジプトツアーにお誘いしたところ、すぐにご夫婦で申し込まれました。

ところが、私が知らない間に、保江邦夫先生（私がレムリア女王のときの第一のお付きだった人）から迫社長の奥様宛にメールが送られていて、そこには「あなたの旦那さんとドルフィン先生が封印したんだから、しっかり仕事をしてきてください」と書かれていたそうで、私と二人で封印を解くセレモニーをすることになったのです。

そのときの様子は次章以降で詳しく報告しますが、さらに今回のピラミッド開きのツアーには、私のサポート役として二人の女性も参加してくれました。

ビューティーデザイナーのAさんと、エナジーコーチングのBさんで、彼女たちは、私がレムリアの女王だったときに巫女として活動をしていて、主に宇宙の波動を音で調整して地球に降ろしていたのです。

このように、宇宙評議会や高次元の存在は今回のセレモニーが成功するよう最強の布陣を敷いてくれたわけですが、そうでなければ、セレモニーを阻止しようとする勢力からのネガティブな影響をまともに受けて、8度目のギザピラミッド開きが失敗に終わる可能性があったわけです。

ですので、今回のミッションでも最大限の成果を出せるよう、参加者の方々をリードしていただくためにAさんとBさんにご一緒いただいたのですが、お二人からは事前に次のようなメッセージをいただきました。


〈Aさんからのメッセージ〉

あなたの神聖《サンクチュアリ》に出会うエジプト。

魂の中に在る宇宙創造のエネルギーを最大限に引き出す為に　エジプトの神聖な場所を巡り、大自然の調和、五大元素に触れながら　一人一人がパワフルな黄金比率の　パワーピラミッド（三角）へと還る素晴らしい瞬間となるでしょう。

2019年、9月。369《ミロク》の世始まり、祝福の光が降り注ぐエジプトの地で　美しい御魂（美魂）のままに　自由に、軽やかに表現をして生きる時代の幕開けを一緒に迎えましょう♪

大調和の愛の光があなたへ降り注ぎますように。

〈Bさんからのメッセージ〉

秋分の日のピラミッドは、愛を源泉として叡智を活かす、これからの新しい世界の扉が開かれた喜びが世界へ放たれる場となります。

参加される皆様の中で、愛と叡智が調和し人生が大きく豊かに生まれ変わります。

この場に集う皆様は傍観者としてでなく、ご自分の中の叡智へアクセスし、それを愛で発動し覚醒することになります。

あなた自身がゴールデンゲートを開く鍵になるのです。

楽しいですね♡

人類を挙げての祝祭なので、大きく喜びのエネルギーが動くスペシャルな旅になります！

エジプトのとってもパワフルな場を訪れさせて頂くので皆さんの中でも大きくエネルギーが動くことでしょう。

土地の神聖なエネルギーとじっくり共鳴してご自分のものとして頂きたいので一つ

一つのポイントを巡った後はゆったりとご自分との対話と新たなエナジーとの融合を楽しんで頂きたいのでホテルや客船、お食事に至るまで最高級の場をご用意しております。

ここに集うべき仲間とのセッション、神聖なエネルギーとのセッションをじっくり豊かに楽しみながら人生最高の体感をご一緒しましょう。

○ギザの大ピラミッドの霊的パワーが最も高まる秋分の日に向けて

最終日を9月23日（秋分の日）にセッティングしたのは、1年のうち春分の日と秋分の日が、ギザの大ピラミッドの霊的パワーが最も高まるからです。

また、この2日間だけピラミッドを上から見たとき、光と影でギザのピラミッドが八角錐に写し出されるのです。八角形が十字星を上から見たような形にも見えます。十字星はキリストのエネルギーで、愛と調和の象徴です。

そのような、令和になって最初の特別な日だからこそ、私たちはその日に合わせて重要なミッションを遂行することにしたのです。

ギザの大ピラミッドの内部に入って、古代に封印された宇宙の叡智を蘇らせ、かつガイアの地球の叡智と繋ぐことによって、統合されたネオシリウスのエネルギーを受信・増幅し、ピラミッドの機能をか

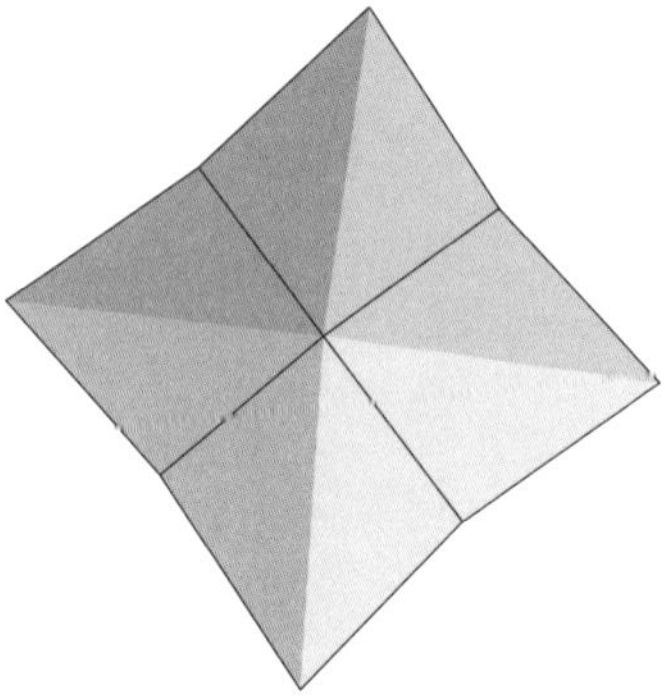

八角錐のピラミッド

つてないレベルにまで覚醒させること——それが最大の目的です。

これをいい替えると、女性性と男性性、右脳と左脳、ポジティブとネガティブの統合であり、ようするに分離・対極していたもの同士を括る、融合させるということです。

そもそも、レムリアは、かつて私がいたシリウスBのように争いごとのない、平和でありながら革新的に進化する創造力豊かな愛と調和の文明でした。

しかし、宇宙の原理によって、愛と調和というポジティブな現象が広がれば広がるほど、それとは対極にある、妬みと嫉妬というネガティブな感情も見えないところで蔓延していました。そして、気づいたときにはすでに遅く、結果的に私はその王国を滅ぼすところまで行かされてしまったのです。

つまり、この世においてはポジティブとネガティブの両方の感情がバランスよく必要で、どちらも行き過ぎてはダメだということです。

ところが、物性レムリア時代には、愛と調和の反動であまりにもネガティブな世界になってしまったので、結局、閉じることになってしまった……。

そして、時代を経て、次のアトランティス時代になり、私は愛と調和の脆さをカバーするためにパワーとテクノロジーを使おうとしたわけですが、結果的に、分離と破壊を生んでしまった。それゆえ、ピラミッドを封印したのですが、過去にそのような苦い経験をしたことで、令和＝レムリアが再生する時代に入って、やっと過去の分裂を統合できるときが訪れたということです。

というわけで、次章から、人類初のピラミッド覚醒ツアーのレポートをお届けしたいと思います。

第二章

エジプトの神々と王たちを解放し、ピラミッド開きの協力を仰ぐ

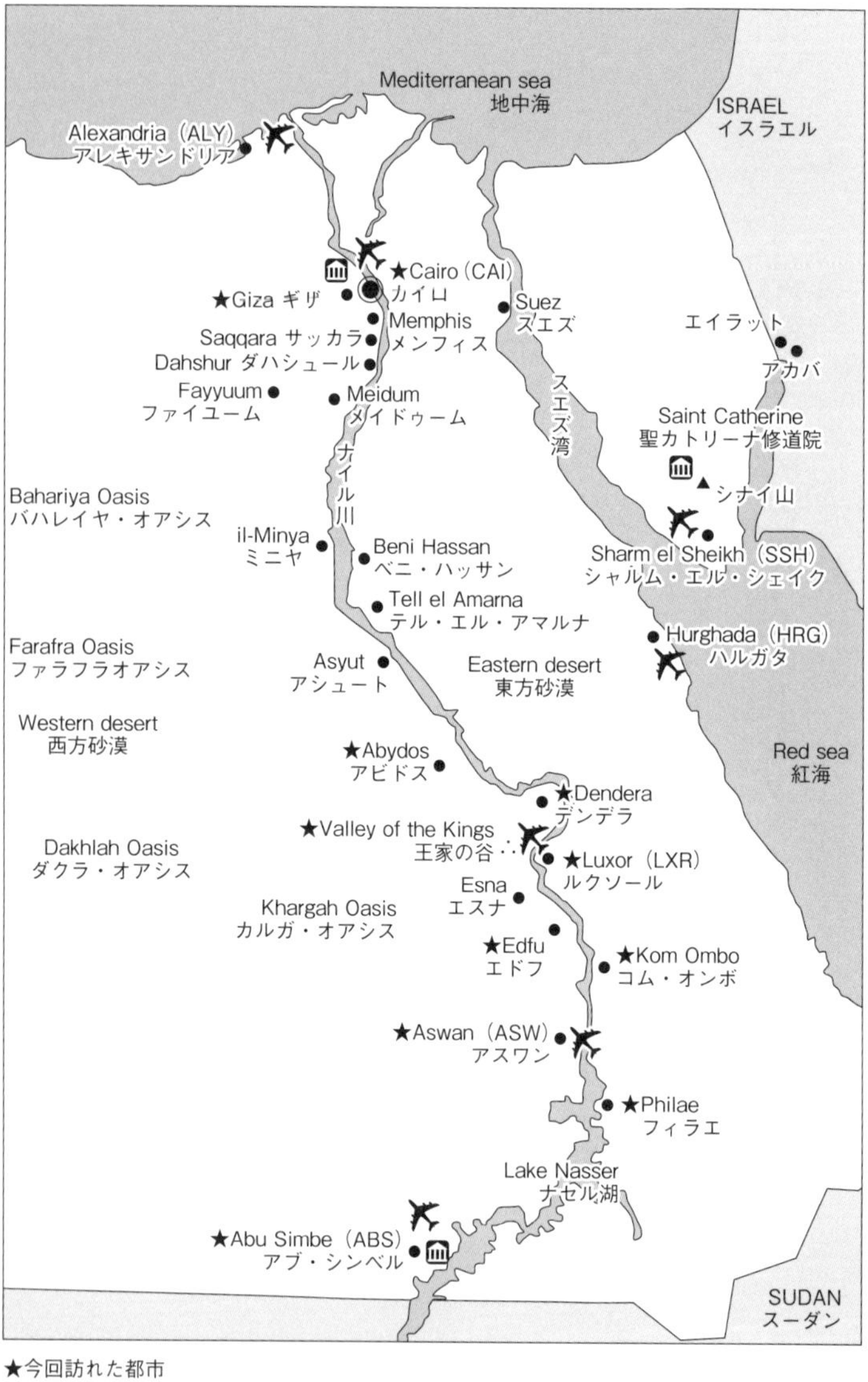
Mediterranean sea
地中海
ISRAEL
イスラエル
Alexandria（ALY）
アレキサンドリア
★Cairo（CAI）
カイロ
★Giza ギザ
Memphis
メンフィス
Saqqara サッカラ
Dahshur ダハシュール
Suez
スエズ
エイラット
アカバ
Fayyuum
ファイユーム
Meidum
メイドゥーム
ナイル川
スエズ湾
Saint Catherine
聖カトリーナ修道院
シナイ山
Bahariya Oasis
バハレイヤ・オアシス
il-Minya
ミニヤ
Beni Hassan
ベニ・ハッサン
Sharm el Sheikh（SSH）
シャルム・エル・シェイク
Tell el Amarna
テル・エル・アマルナ
Farafra Oasis
ファラフラオアシス
Hurghada（HRG）
ハルガダ
Asyut
アシュート
Eastern desert
東方砂漠
Western desert
西方砂漠
★Abydos
アビドス
Red sea
紅海
★Dendera
デンデラ
★Valley of the Kings
王家の谷
Dakhlah Oasis
ダクラ・オアシス
★Luxor（LXR）
ルクソール
Esna
エスナ
Khargah Oasis
カルガ・オアシス
★Edfu
エドフ
★Kom Ombo
コム・オンボ
★Aswan（ASW）
アスワン
★Philae
フィラエ
Lake Nasser
ナセル湖
★Abu Simbe（ABS）
アブ・シンベル
SUDAN
スーダン

★今回訪れた都市

エジプトピラミッド覚醒リトリートツアー
日程スケジュールと覚醒された神々とファラオ王たち

1日目：9月16日（月）
都市　アドビス
遺跡　アビドス神殿（フラワーオブライフ）
神名　オシリス神

都市　デンダラ
遺跡　ハトホル神殿
神名　ハトホル神

2日目：9月17日（火）

都市　ルクソール

遺跡　ハトシェプスト女王葬祭殿

神名　ハトシェプスト女王

遺跡　王家の谷　ラムセス4世王

王名　ラムセス4世王

遺跡　王家の谷　ツタンカーメンの墓

王名　ツタンカーメン王

遺跡　王家の谷　メリンダプタハの墓

王名　メリンダプタハ王（モーゼ）
遺跡　ルクソール神殿
神名　ムトー女神

3日目：9月18日（水）
都市　カルナック
遺跡　カルナック神殿
神名　アメン・ラー神、ハトホル神、セクメト神

4日目：9月19日（木）
都市　エドフ
遺跡　エドフ・ホルス神殿

神名　ホルス神（セト神）

5日目：9月20日（金）

都市　アスワン

遺跡　アブシンベル神殿

神名　アメン・ラー神

　　　ハトホル神

6日目：9月21日（土）

都市　フィラエ

遺跡　イシス神殿

神名　イシス神

7日目：9月22日（日）

都市　ギザ

遺跡　スフィンクス

神名　スフィンクス

都市　カイロ

遺跡　サッカラ・セラピウム

神名　動物神たち

名所　エジプト考古学博物館

8日目：9月23日（月）

都市　ギザ

遺跡　クフ王のピラミッド

○前日からシンクロが起き、ツアー初日からエジプトの神々や王たちを解放する

さて、いよいよここから、私たちが人類史上初のピラミッド開きをどのように行ったか、「魂の黄金扉を拓く7泊8日エジプトリトリート」の日程（令和元（2019）年9月16日〜9月23日）に順じながらレポートをお届けしましょう。

まず、エジプトに渡る前日（9月15日）、成田空港でちょっとしたシンクロニシティがありました。

翌日のエジプトでの現地集合に合わせて、羽田空港から国際線の飛行機に乗るために空港内を歩いていたら、不食の弁護士で知られる秋山佳胤《よしたね》夫妻にばったり出会った

のです。

秋山先生は、シリウスBでの魂の友で、ヘンタイドクターズの仲間ですが（ヴォイス刊『いのちのヌード　まっさらな命と真剣に向き合う医師たちのプロジェクト「ヘンタイドクターズ」』参照）、あのだだっ広い空港の中で、突然、彼が奥様とご一緒に私の目の前に出現しました！

これはシリウスの祝福であると同時に、今回のピラミッド開きの大成功を暗示するサインに違いないと直感し、私は意気揚々と飛行機に乗り込みました。

かくてエジプトのアブダビ空港に到着したのが夜中の零時過ぎ、それから乗り換えてカイロ空港に到着しました。今回の旅の始まりはここカイロ国際空港からで、参加者は総勢50名。日本からだけでなく、海外在住の方にも多数ご参加いただきました。

ツアーの1日目に訪れたのは、アビドス神殿です。

カイロから国内線に乗って、南方のソハール国際空港まで飛び、死と再生を司るオリシス神信仰の中心地であったアビドスへ。歴代のファラオはアビドス神殿の造営に励み、またアビドスに自分の記念神殿を建てたことで知られています。

私は今回の旅で、「ギザのピラミッドを開くにはエジプトの神々のすべての応援が必要だ」との思いがあり、それには、これまで封印されてきたエジプトの神々や王たちを癒やして覚醒させる必要がありました。それがミッションを遂行する条件の一つでもありました。

いうまでもなく、エジプトの神よりもエネルギーが高い人間でなければ、その任務を果たすことはできません。日本の神々を開くのと同じで、エジプトの神々を解放するには、至高の神と同レベルのエネルギーを持っている必要があるのです。

そこで、アビドス神殿に着いたときに、私はまず初めに、「オシリス神、来ましたよ。私が来たことによってあなたは蘇りますか？」と問いかけました。

すると、その一瞬だけ風がフゥーッと吹き抜けました。

ほとんど風が吹かない砂漠なのに、その一瞬だけ風が吹いたことから、それがオシリス神からの「イエス」という返答なのは明らかで、何も知らない参加者たちも「こ

アドビス神殿

の風はオシリス神の風だよ」といっていました。

続けて、「オシリス神も私のエネルギーと同じか？」と問いかけたら、また「イエス」というエネルギーを伝えるように風がフワーッと吹いてきて、私がオシリス神のエネルギーも持っていることを肌で感じられました。

その後でオシリス神の墓に行ったのですが、本来そこには観光客は入れないところです。現地ガイドのサラさんおかげで特別に入れてもらうことができたのですが、そこでも「オシリス、喜んでくれ

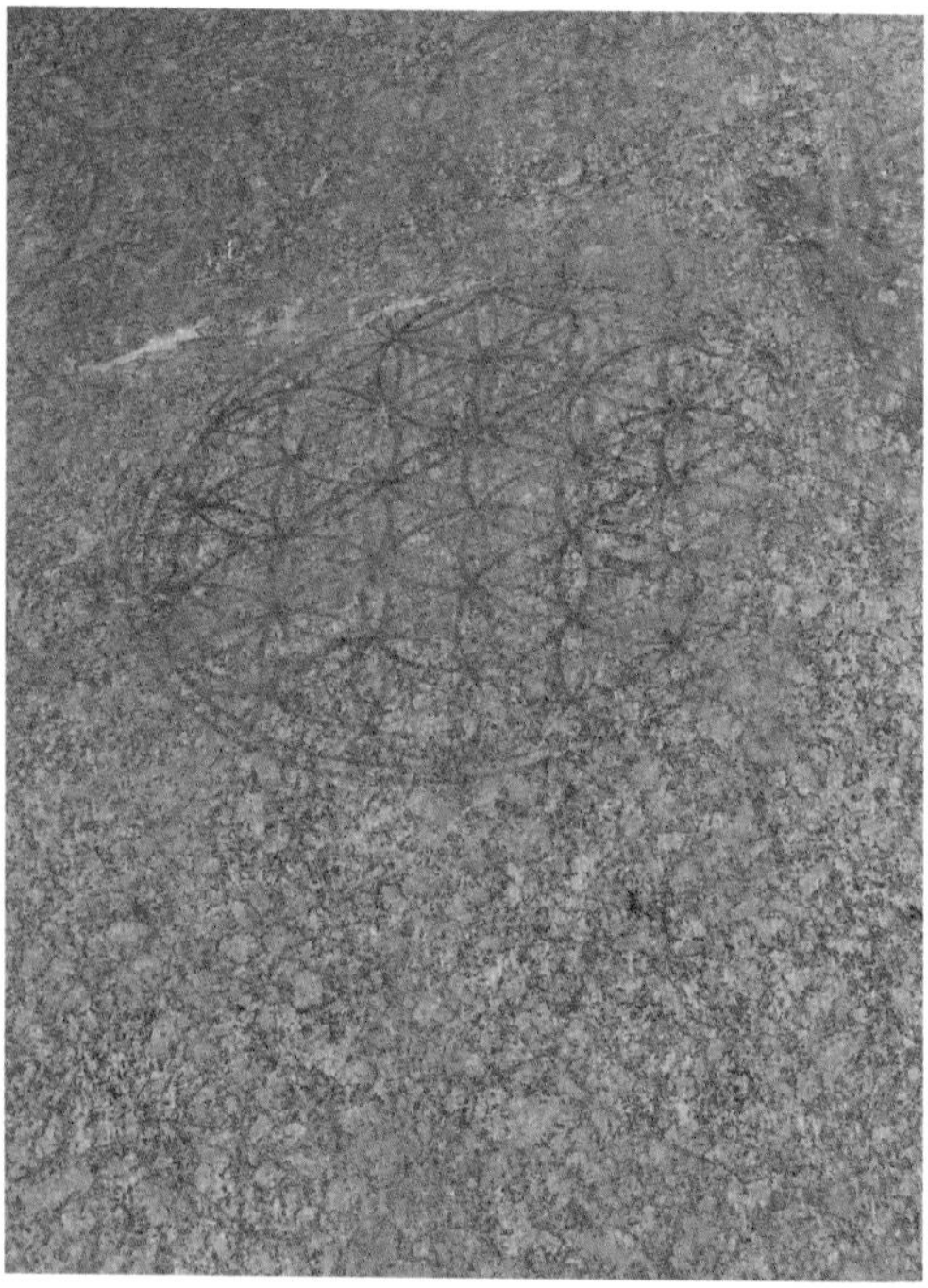
フラワーオブライフの彫刻

ている？　あなたは今ハッピーですか？」と聞いたら、またフワーッと心地よい風が吹いてきて、同じように応答をしてくれました。

こうしてオリシス神のエネルギーを解放したあと、再び旅行会社のサプライズで、立ち入り禁止エリアにあるプレミアム遺産のフラワーオブライフ彫刻のすぐ前まで行くことができました。

このアビドス神殿に刻まれたフラワーオブライフは、歴史上最古の６０００年前のもので、アトランティス時代から存在していた神聖幾何学のテクノロジーです。

この貴重なフラワーオブライフが見られたのも、現地ガイドのおかげで、彼が全部手配してくれたからです。神殿の前には機関銃を持った警官が立っていて、へたなことをすれば撃たれるような特別神聖な場所。なのに、現地ガイドのおかげで、私たちは普通は入れないような場所でも安心してゆっくりと見学ができたのです。

○ハトホル神のDNAを降ろして参加者に入れ、ハトホル神を目覚めさせる

ツアー初日の午後は、デンダラにあるハトホル神殿へ。

ハトホル神というのは、愛と豊かさ、優しさと音楽の女神です。宇宙神でもあって、振動数がとても高いエネルギーです。そこで、私はハトホル神のペンダントを買い、ハトホル神と直接交流することにしました。

「ハトホル、あなたは私たちのピラミッド開きで、私たちをサポートしてくれますか」と尋ねたら、「イエス」との返事。なので、「じゃあ、あなたを目覚めさせるよ」

ハトホル神殿

と伝えながら、ツアーの参加者たちの前でハトホル神のＤＮＡを降臨させ、ツアー参加者全員にそのエネルギーを入れると同時に、ハトホル神を目覚めさせるセレモニーをしました。

　ハトホル神のエネルギーが全員に入ると共に、目覚めたハトホル神が私たちを応援すると伝えてきました。こうして、ハトホル神殿では、参加者全員でハトホル神の心地よい振動数を体感することができました。

　宿泊先は、初日から４日間、50名で貸し切りの豪華クルーズ船の船内ホテルです。とてもゴージャスな船で、室内もすごく快適な空間でした。その船でナイル川を４日間下ったのですが、

ハトシェプスト女王葬祭殿

海ではないので揺れることもなく、とても心地よかったです。

ツアー2日目は、早朝4時にクルーズ船からそれぞれ約10人乗りのボートに乗り換えて、ルクソール西岸にあるハトシェプスト女王葬祭殿と王家の谷・ツタンカーメンの墓に行き、その後、ルクソール神殿に行ってから、夜は船中泊でした。

ハトシェプスト女王は、唯一の女性のファラオとして平和的な統治を行っていましたが、甥のトトメス3世が成長してからは、結局、失脚させられ、無念の最期を迎えています。

ハトシェプスト女王葬祭殿

トトメス3世は、それまでの女王の平和路線を一転し、エジプトのナポレオンと呼ばれるほど戦争を続けて国土を拡張すると共に、女王の像をすべて破壊させたそうです。

私は、無念の死を遂げたハトシェプスト女王のエネルギーを解放し、女性性の解放と喜びの覚醒エネルギーを開きました。つまり、まず女性性を解放することが一つ、そしてそれから彼女自身を覚醒させるという2つの目的を果たしたわけです。

ファラオ王はずっと男性優位だったので、新たにピラミッドを開くためには、女性性のエネルギーが重要だったからです。先ほどのハトホル神も女性で、そのハトホル女神を先に開いてから、次に女性ファラオ王であったハトシェプスト女王を覚醒させたということです。

するとそのとき、ホルス神（天空と太陽の隼の神）のような鳥が飛んできて、私たちの周りをウロチョロしていました。たぶん、ハトシェプスト女王はこのホルス神と関係があるようで、女性性と喜びの覚醒エネルギーを開いたことにより、ホルス神のエネルギーが活性化したのです。

神のような鳥

王家の谷　入口

王家の谷　内部

○ツタンカーメン王と松果体を介して　コミュニケーション

「王家の谷」では、ツタンカーメン王のミイラに出会いました。王家の谷というのは、ナイル川西岸にある岩山の谷にある岩窟墓群のことで、古代のファラオ王たちの墓がたくさん集中している場所です。

ラムセス4世王の墓を見学してから、次にツタンカーメン王の墓に行ったのですが、この墓はとても興味深かったです。

墓はほぼ手つかずの状態で、今も本物のミイラが墓の中の脱酸素状態に保たれたガラスケース内に安置されているのです。その焦げた跡がある少年王のミイラ

は、長年、大勢の観光客の目にさらされてきたことがわかります。

ミイラであっても、霊的中枢である松果体を介してコミュニケーションができるので、私はツタンカーメン王とも交流しました。私が「あなたはギザのピラミッドが開かれることでハッピーになれます

王家の谷　ラムセス４世の墓

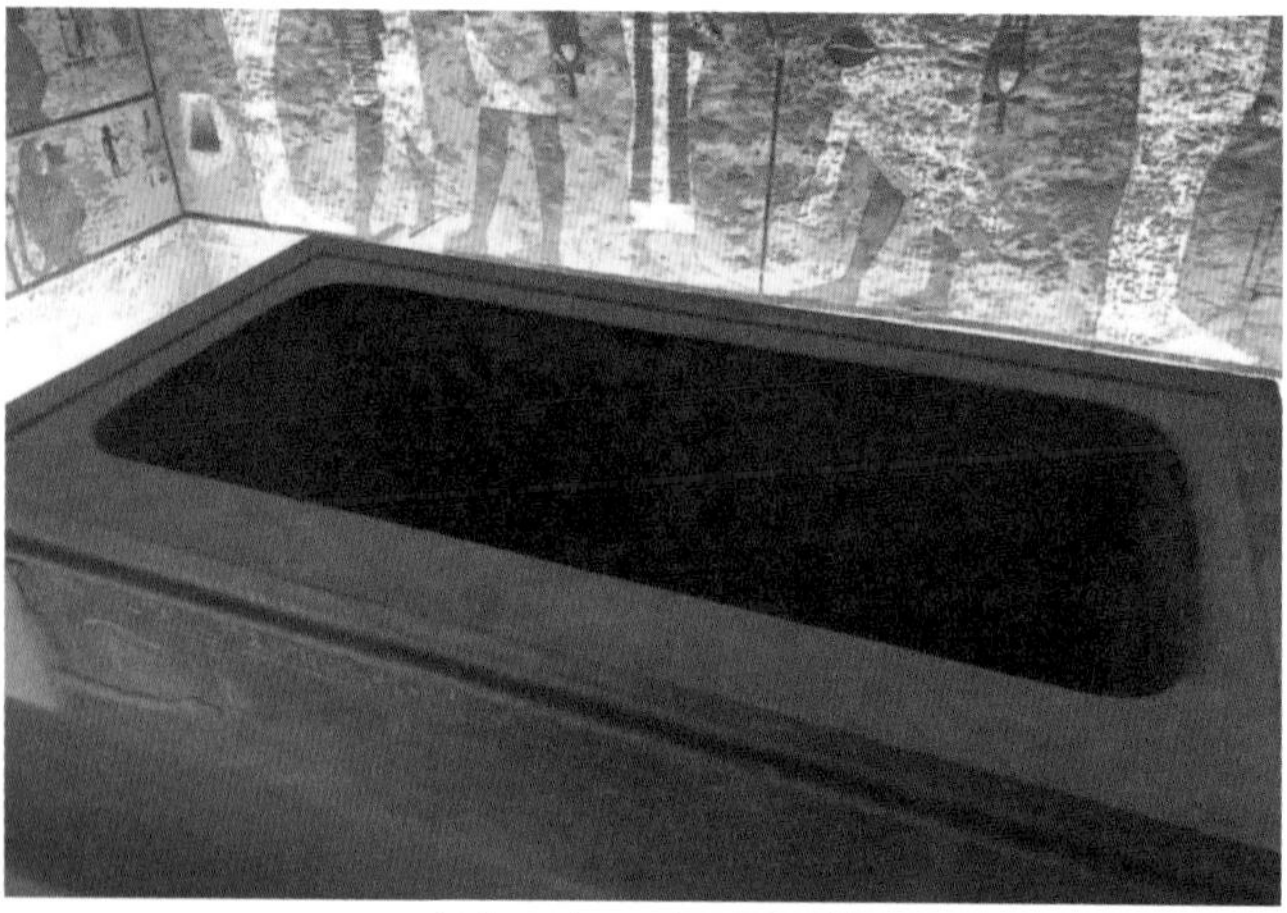

ツタンカーメン王の墓

か？」と問うと、ツタンカーメン王は「なれる」というので、「では、私たちのミッション遂行をサポートしてくれますか？」と聞いたら、「もちろん、喜んで応援する」と答えてくれました。

ここでも、エジプトの神々やファラオ王たちが私たちのピラミッド開きを大いに歓迎してくれていることがはっきりと確認できました。

次に、エジプトからモーゼを追い出したとされているメリンダプタハというファラオ王の墓に行って、その王のＤＮＡを読んでみました。

メリンダプタハ王の墓

メリンダプタハ王の棺

するとどうやら、モーゼを追い出したメリンダプタハ王自身がモーゼだったようです。

つまり、追い出した悪役（陰性）のメリンダプタハ王の対極（陽性）の部分がモーゼであって、彼とモーゼは同一体。歴史上、メリンダプタハ王がモーゼを追い出したことにして、自分を分離させていたということです。

そこで、私がメリンダプタハ王に対して「あなたはモーゼですか？」と尋ねたら、「イエス」とのこと。念のため、「あなたはモーゼじゃないですね？」と問うたところ、まったく反応なしでした。

つまり、メリンダプタハ王は確実にモーゼ

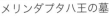

なのです。このことは誰も言っていないことですが、私は今回のツアーを手配してくれた現地ガイドのサラさんに、「メリンダプタハ王とモーゼは同一人物である可能性はありますか？」と聞いてみました。

すると、「それはあると思う」と彼。おそらく、その説は確かにあるけれど、これまでの歴史認識が一変してしまうので、公には一切出ていないのでしょう。

これは、私自身がエジプトの至高神のエネルギーを併せ持っているからわかることで、だからこそ、ギザのピラミッドを開くお役目を担っている、つまり頂点のエネルギーを持っているから、彼らのエネルギーとも共鳴できるのです。

メリンダプタハ王とモーゼは一つの存在が分離した状態。本来一つのものが分離したままではよくないので、私が「あなたたちを融合させてもいいですか」と聞いたら、「イエス」だったので、二人のエネルギーを融合させ、これで陰と陽が統合されて本来の同一存在として覚醒しました。

このことから、ハトホル神もハトシェプスト女王と同一エネルギーである可能性もありますが、いずれにしても共に解放されたことで、結果的に統合されたはずです。

○エジプト最強のアメン・ラー神の陰陽を表わす二人の子ども

ルクソール神殿には、アメン・ラー神の妻であるムト女神が祀られていました。

アメン・ラー神は男性の生殖器で描かれていることもあって、明らかに男性性の象徴であり、妻であるムト女神はハゲワシの頭をしていて、女性性のシンボルであることがわかります。

なので、ここでは、分離していた男性性と女性性のエネルギーを融合させると共に、エジプトの神々とファラオ王の関係について学ぶことができました。

ようするに、神もファラオ王も元々は人間であり、エネルギー的には似ている、ということです。その理由は、かつて王だった人間が、死後、神格化して神になっていくからですが、このケースは日本でもよく見受けられます。

ルクソール神殿

ルクソール集合写真

そのように、元々人間だったのが死後、神として祀られる場合と、それとは別に、大宇宙大和神のように宇宙から直接降りたエネルギー体としての神がいるわけですが、私は改めてエジプトの神々と対峙してみて、肉体を持ったファラオ王が自らのエネルギーの振動数を上げて死後、神になっているケースがけっこうあることに気づいたのです。

ファラオが王として認められるには、神の祝杯を受けないといけなかったことから、エジプトの壁画を見ると、どのファラオ王も神から祝杯を受けています。

ファラオ王は人間で、神は人間よりも上なのに、私がその絵を見ていると、どうも人間の形をした神も出てくるのです。つまり、そのような神は元は人間だったのです。

そもそも、当時のエジプトの神はＵＦＯに乗ってきたプレアデス人です。しかし、彼らとは別に、大宇宙大和神のように形を持たない高次元の神もいて、それに関してはエジプトでは記録がないようです。

ということは、エジプト人にとっての神とは、人間よりも高次のプレアデス人と、ファラオ王が死後、神格化したパターンの2つだということです。

つまり、日本の神とエジプトの神の違いはというと、エジプトでは完全に物質化した存在を神としているのに対して、日本の神はそれ以外にも、物質化していないエネルギー体そのものを神として祀っている点です。

いい替えれば、エジプトは神と人間が非常に近い。それに対して、日本人は先祖や偉人を神として奉っただけでなく、エネルギー体としての神の存在をちゃんと捉えていて、その点においてエジプト人よりも日本人のほうが霊性が高いと感じました。

3日目は、エジプトの神々の主である最強のアメン・ラー神を祀るカルナック神殿に行ったのですが、すると、ここでもすごい奇跡が起きました！

このときも、ガイドのおかげで本来入れないセクメト女神の祭殿に入ることができました。貸し切りで、10名ほどが先に岩場の中に入り、AさんとBさんの二人が後ろに付いていてくれて、祭殿の中に入ったのは朝5時頃でした。

それまで行った神殿も岩場で、しかも早朝だったので、どこも中は涼しかったのですが、セクメト女神の祭殿だけなぜか暑かったのです。すぐにその理由がわかりました。

アメン・ラー神の子は、陽の女神のエネルギーであるハトホル神と、陰の女神のエネルギーであるセクメト神の二人です。

つまり、太陽神ラーが、愛と豊かさのエネルギーを世に広げるために産んだのがハトホル神で、それに対して、エゴが強くなってきた当時の人間たちを懲らしめるために使わした破壊の使者がセクメト神。そのため、セクメト神はライオン神として、エゴが強くなってきた人間たちを襲って命を取って血を吸うという役割をしていたわけです。

カルナック神殿

○破壊の女神を癒やすセレモニー中に起きた「血の儀式」

真っ暗闇の神殿の中で、私は自分の中のアメン・ラー神のエネルギーと意識を同調させました。すると、目の前のライオンの顔をしたセクメト神から、悲しみと怒りに満ちた苦悩の感情がワーッと押し寄せてくるのを感じました。

すぐにセクメト神の負の感情だとわかったので、参加者たちの前で、「じゃあ、今からセクメト神を癒やして、開くセレモニーをします」と私が告げた途端、それと同時に「イタ！」と叫ぶBさんの声が後ろから聞こえました。

見ると、岩に頭をぶつけて、額の辺りから真っ赤な血を大量に垂らしている痛々しいBさんの姿。それを見たみんなが「大変だ」と驚き、AさんがBさんの額の血をハンカチで押さえます。しかし、それでも額の血は収まらなかったので、外に出てすぐに病院で手当てをしてもらいました。

ところが、これは単なるアクシデントではなく、セクメト神がさせた「血の儀式」だったのです。古くはセクメト神に生け贄《いにえ》が捧げられていたのを、ここで物理的に血を捧げることによって封印されていたセクメト神のエネルギーを解放する、つまり、私たちは、超古代に行われていた生け贄の儀式を目の前で見せられたわけです。

それを察知した私は、すぐにセクメト神の悲しみと怒りをセレモニーにて癒やしたところ、一瞬でエネルギーが変容したのがわかりました。

実は、その理由はBさんの過去生にありました。彼女は、エジプト時代にファラオ王にも仕えていた人物で、やはり神の生け贄になった体験があったのです。

当時の彼女は、アメン・ラー神に認められたくて、ラーの子どもであるセクメト神に、認めてもらえるようにお願いしていた。にもかかわらず、セクメト神は断固それを拒み、結果的に、彼女は生け贄として血を流して死んでいったのです。

そして今回、彼女はその時の封印を解くために、再びセクメト神の前で血を流すことになったのです。

あれだけ大量の血が出ていた彼女の傷は、意外に小さく、病院で縫ってもらったところ、5日も経ったら傷はすっかり消えていました。

セクメト神を癒やし、解放するための儀式を全員で行う際、もう一つ重要なポイントがありました。

それは特殊な水晶を使ったことです。私は事前に、日本で最も大きいパワーストーン会社の社長さんに水晶を50個分用意してくださいとお願いし、それをツアーの特典として参加者全員に差し上げていて、その水晶をみんなに手に持ってもらっていたのです。

水晶の一つにはフラワーオブライフの絵がゴールドで描いてあり、もう一つの水晶には、シルバーで描いてありました。この2つの水晶によって陽と陰のエネルギーバランスがはかられるように、予め高次元のDNAコードも入れてありました。

そして、セレモニーの最中、Bさんが「イタ！」と言った瞬間、彼女は自分が手にしていた陰のシルバーの水晶を無意識にその場にポトッと落としていたのです。

これは、セクメト神のエネルギーが陰だから、陰の水晶に共鳴したということです。彼女は知らないうちにそれを落としていて、後から「無い、無い」と探していましたが、それはセクメト神が自分を癒やすために、その場に陰の水晶を置いていかせたのです。

こうして、無事セレモニーが終わったあと、セクメト神は私たちにその成功を喜ぶかのように奇跡を見せてくれました。

なんと、目がつり上がっていたセクメト神の彫刻像の表情が変わり、目が垂れ下がっていたのです。目が垂れ下がってとっても優しそうな表情になっていたので私も驚きましたが、それはまるで、私自身がもう一人の自分の前に立って自分の表情を見ている感覚でした。

もちろん、参加者全員がその変化に気づいて、みんなとても驚いていました。

これは、セクメト神の悲しみと怒りが血の儀式と共に解放されたことの証しです。

このセレモニーをセクメト神の親であるアメン・ラー神のエネルギーとして私が取

り仕切ったことで、無事、滞りなく完結した。その証拠に、それまではセクメト神の怒りで神殿の中が温かったのが、セレモニーが終わったとたんに、神殿の中が涼しくなりました。

神殿に入ったときに私たちが感じたあり得ないあの暑さは、まさにセクメト神の怒りのエネルギーそのものだったのです。

その暑さが、セレモニーが終わったとたん、涼しさに一変した。これは、セクメト神がハトホル神と一体化したことを意味していて、この点がとても重要です。

つまり、カルナック神殿において、ラー神の子どもである怒りのセクメト神を同じ子どもの優しさのハトホル神に変身させたということです。そこでわかったのは、セクメト神とハトホル神は実は一人の子どもだった、すなわち、一人の人物の中にある陰と陽の二面性だったということです。

ことの真相は、一人の中にある陽の優しさの部分と怒りの陰の部分、その両方が存在していて、これまではセクメト神的な要素、つまり怒りが優位だったために、世の中が荒れ狂っていたのです。

今回、私がセクメト神とハトホル神を融合したことによって、分離していた陰と陽のエネルギーが統合されたので、これからはより穏やかなエネルギーへと変容し、このエネルギー開きによって、愛と豊かさのハトホル女神が主役になる、新しい時代が始まるでしょう。

◯善と悪、男性性と女性性をすべて統合

4日目は、エドフ・ホルス神殿へ。ここでも、私ドクタードルフィンの神開きにより、それまで分離していた善と悪、そして男性性と女性性をもすべて統合しました。

ホルス神殿には、善なるホルス神と悪なるセト神の二人の神がいて、その二人の神が戦った場所がホルス神殿です。

つまり、ここは善と悪が分離していた場所。そこで私は古代のＤＮＡを読みながら、

エドフ・ホルス神殿

セト神とホルス神を呼び出しました。

そして、ここでも私がエネルギーで突き止めたのは、ホルス神もセト神も同一エネルギー、同一人物であったということです。

一般的な解釈では、ホルス神とハトホル神は夫妻ですが、この男女二人も同一存在で、私が3者のエネルギーを読んだところ、ホルス神、セト神、ハトホル神がみんな同一の人物だということがわかったのです。

ホルス神とセト神は善と悪、ホルス神とハトホル神は男と女。この分離していた善悪と男女を融合させるセレモニーを行ったところ、すべてが統合され、これまで分離・二極化していたエネルギーが全部解消するとともに、宇宙に解放されました。

大元は一つの魂で、学ぶために分離していた善と悪、男性性と女性性を融合し、エネルギーを一つに融合する――このように、ピラミッドの覚醒には、人間と神、善と

エドフ・ホルス神殿の前で

アブシンベル神殿

悪、男性性と女性性をすべて融合する必要があったのです。

5日目は、アスワンのアブシンベル神殿へ。太陽の最強ラー神、愛と豊かさの神ハトホル神、それぞれを祀る神殿にて黄金の鍵を受け取り、私ドクタードルフィンはラー神のエネルギーを完全復活させました。

秋分の日に向けて、ギザのピラミッドエネルギーの封印解除&覚醒のための準備が着々と進みます。

6日目は、ナイル川沿いの美しいホテルから、ボートでイシス神殿へ。

ここでは、祭壇の前で祈っていると降りてきたのが「母性愛」という言葉でした。イシス神はすべての王たちを母性愛によって統括する力を持ち、今回のピラミッド開きというミッションのキーエネルギーだと気づきました。

かつての私のレムリア女王時代の魂の記憶が懐かしく甦り、その瞬間に、レムリア王とイシス女神はまったくの同一人物だと直感でわかったのです。すべてのエネルギーをまとめるうえで、母性愛、つまり無条件の愛のエネルギーが必要でした。

イシス神殿

クルーズ船上　ナイル川と著者

イシス神殿

イシス女神の母性愛を開いた私は、「イシス女神と日本の天照大御神《アマテラスオオミカミ》、レムリアの女王は、同一のエネルギーであること」を皆さんに告げました。これで、目覚めたイシス神の母性愛がすべての人類と地球生命に降り注ぐでしょう。

○スフィンクスを覚醒させ、ファラオ王を目醒めさせる

7日目、通常は枠の外からしか見学できないスフィンクスを、ここでも早朝5時から7時まで貸し切って、足元まで入場できました。

そこで私たちは、私のリーディングではピラミッド同様に5〜6万年前に創造されたものの、封印されて永い間眠っていたスフィンクスを覚醒させるセレモニーを行いました。

スフィンクスはギザのピラミッドの守り神です。

セレモニー中、スフィンクスの頭が前後左右に何度も揺れて、スフィンクスの起動

スフィンクスを開いた直後のドクタードルフィン

参加者らと、スフィンクスを開くセレモニー

スイッチが入ったことが確認できました。エネルギーが開いたことを宇宙が教えてくれたのです。

さらに、ピラミッド開きセレモニーの前夜、私がスフィンクスの頭上に力強く立つビジョンを、感性優れたある男性が書いてくれたイラストのプレゼントを、参加者の一人から授かりました。この絵に予言された私の姿が、鳥となって現象化しスフィンクスの頭上にあられました。

これで、すべての準備が整ったと確信しました。

そのあと、首都カイロの南にあるサッカ

予言通り、スフィンクスの頭上に現れた鳥

ラ遺跡へ。ここは、現在は砂漠となっている広大な王家の墓地で、たくさんのピラミッドや墓が残っていて、地下5メートルほどの砂の下にあります。

墓には色鮮やかな装飾が施され、荒らされた様子がなく、この遺跡からはネコやワニ、スカラベなどの動物のミイラも大量に発掘されています。

私は事前にジーザス・クライストからファラオ王のDNAの壁画があることを示唆されていたので、ここでその壁画のDNAを開いて、高次元のDNAコードを入れてきました。

こうしたことも、事前に予言されていて、私にとってはすべてわかっていたことです。

そのあとで、エジプト考古学博物館に行ったのですが、ここで菊の十六紋を見ました。

発掘された展示品が時代順に並べられていて、2階にはツタンカーメンの墓の発掘品やミイラが展示されていたのですが、菊の御紋もそこに一緒に展示されていました。

菊の十六紋は、日本の皇室をはじめ世界の要所に見られます。この菊花十六紋は、実はエジプトのアメン・ラー神、日本でいうと天照大御神で、太陽神を象徴しています。

サッカラ・セラピウム　動物たちのミイラが納められた場所

その太陽神の大元が大宇宙大和神《オオトノチオオカミ》です。だから、私がピラミッドの封印を解くミッションを授かったわけですが、エジプトではフラワーオブライフと菊花十六紋、

エジプト考古学博物館

日本の天照のエネルギーもサポートに入ったということでしょう。

菊花十六紋はエジプトやイスラエル、シュメールとも繫がっていて、すべて元は同じです。もちろん、ジーザスも同じエネルギーの直系ですが、歴史上のポジティブなエネルギーだけでなく、ヒトラーなどのネガティブなエネルギーも全部入っていたことがわかりました。

つまり、菊の十六紋には、ポジティブもネガティブも両方のエネルギーが入っていたので、それを開こうとしても、陰陽のバランスがとれたエネルギー状態が必要で、エゴがある人間には開くことができなかったのです。

また、過去に人類が7回ピラミッド開きにチャレンジした中で、失敗した人の無念さとか悔しさなどのエネルギーも絡んでいたので、それをポジティブなエネルギーに変えることができないと、今回私がやったような分離を融合させるセレモニーはできなかったことがよくわかりました。

ようするに、これまで地球上にどんなに美しい世界を創ろうとしても、過去の人類史においてそれが成し得られなかったのは、ポジティブとネガティブが分離し、どちらかのエネルギーに偏っていたからなのです。

それを成し得られる存在は必ずその両方のエネルギーを持っています。そして、過去においてはそのいずれかを現象化した経験があり、その苦い経験の積み重ねがあるからこそ、ポジティブ・ネガティブ双方のエネルギーを発展的に統合できる、だからこそ、新たなピラミッド開きができるのです。

こうして、ピラミッド覚醒前夜を迎え、全員で「地球評議会」を開いたのですが、このとき、宇宙評議会からメッセージが降ろされました。

以下は、その宇宙語をDさんがダウンロードし、Cさんが翻訳してくれたものです。


『今日、スフィンクスを開きました。そこからエネルギー回路が開きました。その回路をコードでピラミッドに繋げます。

明日、あなたたちが歩きながらコードを繋ぎ、ピラミッドを発動させる準備をします。一人ひとり最善に誤差なく、その道を通って一直線に繋いでください。〜中略〜

これらは過大に見せるような形ではなく、静粛に行ってください。これは静粛なイニシエーションで、その後にセレブレーションがやってくる儀式です。厳粛に静粛に行わなければ妨害が入ります。タイミングが少しでもずれるとエネルギーが漏れてしまうので、全員のエネルギーを一つにして執り行うということを誓ってください』

というわけで、次章ではいよいよツアー最終日、ギザの大ピラミッドを貸し切って人類初の覚醒セレモニーを行うことになります。

第三章

ギザの大ピラミッドを覚醒させるセレモニー

○普段は一般人や観光客が入れない「地下の間」からセレモニーは始まった

いよいよ、リトリートツアー最終日（8日目）、2019年9月23日秋分の日を迎えました。

クフ王の大ピラミッドの霊的パワーが最も高まる日。この日は、夜中の1時45分に起床し、2時15分にロビーに全員集合しました。

実は、今回の私たちのミッションを阻止したい存在たちから、これまで何度か邪魔が入り、途中、何人もの参加者が体調を崩したりし、大変な思いもしました。

その参加者50名が、最後のピラミッドの儀式に全員揃ったのは、奇跡的でした。

なので、皆揃って写真を撮ったのも、ツアー初日とこの最終日だけでしたが、私は全員の皆さんの前でこう告げました。

「いよいよ、準備ができました。これも皆さんのお陰です。皆さんが体調を崩されたりしたのもそれぞれのお役割でした。私はまったく受けなかったですが、皆さんがそれを受けてくれたことで、何とか今日を迎えられました。ありがとうございました。では、行きましょう」と。

ホテルからギザの大ピラミッドまでは車で5分ほどの距離で、私たちはバス2台に乗り込んで向かいました。

ご存知のとおり、ギザにある三大ピラミッドの中で一番大きいのが、クフ王の大ピラミッドです。早朝3時前に到着後、警備員によって厳重なチェックを受けてから、いよいよ大ピラミッドの中に入ります。

ガイドの説明によると、ピラミッドの外側の側面は今は段差があるけれど、昔は平面だったそうです。それは滑らかな石灰石で覆われていたからで、そのため昔は鏡のようにピカピカに光っていたようです。

ところが、その石灰石が貴重だったために、盗賊に奪われたりするなどして、今のようなギザギザの段差が生じたとのことでした。

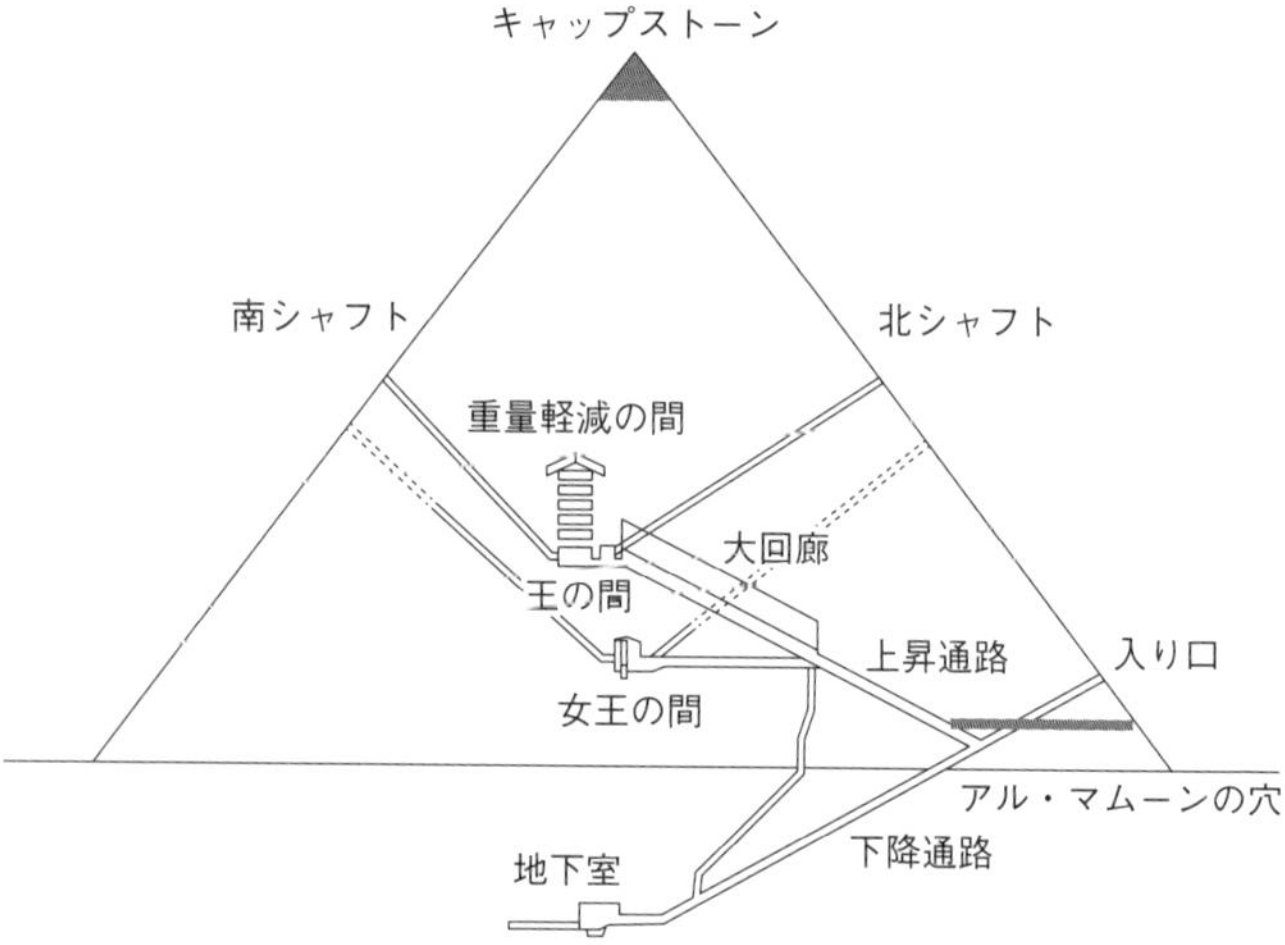

もちろん、それは高次元の水晶やダイアモンドが無くなって封印されたあとの話です。

ピラミッドの中に入ると、地下の間に続く通路と、王妃の間に続く通路、王の間に続く通路が3つあって、地下の間に続く通路だけはいつも閉じられているそうです。

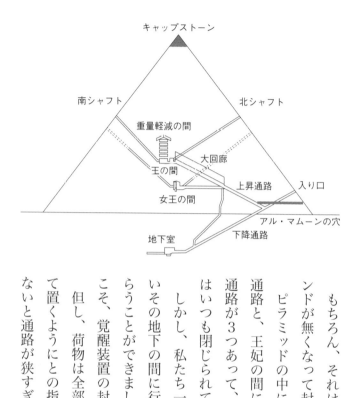

しかし、私たち一行は、普通は誰も入れないその地下の間に行く通路に特別に入れてもらうことができました。まさにこの地下の間こそ、覚醒装置の封印場所なのです。

但し、荷物は全部、外の入り口の所に重ねて置くようにとの指示がありました。そうでないと通路が狭すぎて荷物を持ったままでは

ドクタードルフィン公式

Doctor Dolphin

２年目を迎えて益々パワーアップ！　いつでもどこでもつながれる　公式サロン

ドクタードルフィン Diamond倶楽部

Facebook上の秘密のグループを利用した
ドクタードルフィン唯一の会員制オンラインサロン

会員特典 1 毎月３回以上、高次元スペシャルDNAコードイン（エネルギー調整）を映像でオンライン生配信！

会員特典 2 ドクタードルフィン松久正から直接メッセージを配信！非公開秘蔵映像・写真の共有もあります！

会員特典 3 秘密のサロン空間で会員同士の安全な交流が可能です。ドルフィン先生から直メッセージを頂くことも！

詳しくは、ホームページをご覧ください。

https://drdolphin.jp/salon?from=book1909

無料の公式メールマガジンにも登録いただけます！

お問い合わせ：DRD エンタテイメント合同会社

0467-55-5441　salon@drdolphin.jp

通れないからだといわれました。

入ってみてびっくりしたのが、その通路があまりにも長いこと。しかも天井がとっても低い。そのため、中腰になって歩くしかなく、そんなきつい姿勢のまま、私が先頭に立ってひたすら奥へ奥へと突き進んでいきます。

そもそも、私は生まれたときに未熟児で、肺活量が普通の人の半分以下。なので、天井に頭をぶつけながら下るうちにハッハッハッと息も荒くなってくるし、足も動かなくなってきて、内心『これ、ほんとにたどり着けるかな!?』という思いが一瞬よぎりました。

それでも、今回のピラミッド開きの使命感から、『いや、死んでも行かないといけない!!』という思いで、なんとか前進しました。

僕のすぐ後ろにいたAさんとBさんの二人が、それを察したかのように、「先生、ゆっくりでいいですよ。慌てなくて、休みながら行ってください」と声をかけてくれたのですが、一度休んだらもう動けなくなることはわかっていたので、汗をボロボロ垂らしながらも中腰のまま前へ進みます。

すると、途中からさらに通路が狭くなっていて、もう完全に這っていくしかない狭さでした。仕方ないので、今度は四つん這いになって地面を這うように進んでいき、途中、何度か休みながらやっとの思いで地下の間に到着したのですが、まさに体力の限界でした。

地下の間は岩盤を掘った20畳ほどの四角い空間でした。参加者が揃ったところで、私は「それでは始めます」とセレモニーを始めることにしました。

○青白い水の半透明エネルギーで封印されていた地下の水晶とダイアモンド

ここで、ギザの大ピラミッドの中で私がどのようなセレモニーを行ったか、予め説明しておきましょう。

まず、オクタヒドロン構造になっているピラミッドには、地上の上ピラミッドとは逆向きのエネルギー状の下向きの下ピラミッドがあって、その上ピラミッドと下ピラミッドの間にある地下空間には半透明の青白い水のエネルギーが存在しています。

オクタヒドロンというのは神聖幾何学構造の一つである八面体で、四角錘の底辺を逆さまに上下に重ね合わせた形です。

かつて、私たちがピラミッドを封印するときに使ったのがこの半透明のブルーの水のエネルギーだったのですが、実はこのエネルギーは、シリウスからもたらされていました。

地上のピラミッドのトップには、受信機としての四角錐の高次元水晶が置かれ、地下のピラミッドのトップには、水晶とペアの関係になる四角錐の高次元ダイアモンドが置かれていたのですが、それらは除去されて、目に見えない半透明のブルーの水で覆い隠されることによってピラミッドが封印されていたわけです。

つまり、本来は、上向きのピラミッドの頂点には高次元の水晶が置かれ、下向きのピラミッドの頂点には高次元のダイアモンドが置かれていて、それらによって受信した宇宙のエネルギーを増幅して地球全体へ広げるのがピラミッド本来の働きだったわけです。

そこで、今回のピラミッドを覚醒させるミッションは、まず水晶とダイアモンドに高次元のシリウスのエネルギーを降ろして、上のピラミッドの頂点に高次元水晶を設置し、下のピラミッドの頂点にその高次元ダイアモンドを設置することです。

つまり、上側に高次元水晶、下側に高次元ダイアモンドを入れることで、高次元の宇宙叡智エネルギーとガイアの地球叡智エネルギーを融合するのです。

この2つの操作にあたり、事前に統合させたネオシリウスと繋いでピラミッドを覚醒させ、その新生&神聖シリウスエネルギーをレムリアエネルギーとして地球人類が享受する、それがゴールデンゲートを開くということでした。

私が地下の間でそのセレモニーを始めた瞬間、ビジョンの中で、青白いエネルギーが目前に広がってきて、この青白いエネルギーでできた水晶とダイアモンドのベールが取り払われました。

もちろん、この水は実際の水ではなく、ブルーホワイトの精妙なエネルギーです。ちなみに、保江先生もピラミッドの中で同じ青白いエネルギーを見ています。これまでにも、エネルギーが高い人はその青白いエネルギーを目撃しています。

かつて、その青白いエネルギーで水晶とダイアモンドを包んで封印した当事者が、私と迫社長の二人だったわけですが、そのときは、エネルギーグリッド（結界）を張ることで、本当に将来エネルギーを開けられる人間が来るまでは絶対に隠し通すというセッティングをしておいたのです。

なぜなら、もしもエゴが強い人間がこのエネルギーグリッドを破ってしまうと、ピラミッドパワーがとんでもないことに悪用されてしまうからです。

それゆえ、過去、この封印を解こうと思って何度もいろんな人がトライしたにもかかわらず、彼らでは決して開くことはできなかったわけですが、それは当然といえば当然でしょう。

本当に封印を解くのにふさわしい高次元のエネルギーを持った人間でなければ、その鍵は絶対に開けられない。そこで今回、当事者である私たちが二人で封印を解きにきたのです。

地下の間で、私が高次元からエネルギーを降ろし始めたその瞬間、アンドロメダがサポートしている強力なネオシリウスのエネルギーが、ピラミッドを突き抜けて、水晶とダイアモンドに入ってきました。

そして、そのエネルギーを使って、水晶に高次元ネオシリウスのＤＮＡコードを挿入して、三角錐のエネルギー体にリメイクすると共に、高次元アンドロメダのエネルギーのＤＮＡコードをダイアモンドに挿入、水晶のエネルギー体を上ピラミッドの頂点に乗せ、ダイアモンドのエネルギー体を下ピラミッドの頂点に戻しました。

そのとき同時に、Ｂさんもベールを取るためのセッションをしてくれて、Ａさんが歌を歌いながらそれをサポートしてくれました。

すると、スーッと天・地・人に大きな光の柱が降りてきたことから、『あっ、これで高次元水晶と高次元ダイアモンドが覚醒させて、新たなネオシリウスのエネルギーと繋がったな』と確信できました。

前述したように、もともとギザの大ピラミッドにはプレアデスが関与し、シリウスはほとんど関与していないので、ピラミッドを覚醒させるためには、新たに統合されたネオシリウスのエネルギーを注ぐ必要があったのです。

こうして、宇宙エネルギーによって高次元水晶と高次元ダイアモンドが覚醒したことで、強力なグラウンディングが完成し、ピラミッドに高次元のネオシリウスのエネルギーが突き抜け、同時に全世界のピラミッドも連携して起動し、地球全体へと一気に波及していきました。

○シリウスのすべての星のエネルギーを統合したネオシリウス

ここで、ネオシリウスについて詳しく説明しておきましょう。

まず今回、ギザの大ピラミッドに入ってわかったのは、プレアデス以外にオリオン星の存在たちもピラミッドに関与していて、彼らはシリウスのエネルギーも重視していたことです。

その証拠が、王の間から延びている孔《シャフト》は、オシリス神を表わすオリオン座の、数万年前にあったであろう3つ星の方向を向いているのに対して、女王の間のシャフトはイシス神を表わすシリウスの方向を示していることから、おそらく彼らは、プレアデスのエネルギーにシリウスの奇跡的創造のエネルギーを取り入れようとしていたのでしょう。

そのように、本来はシリウスとも繋がっていたのが、プレアデスのパワー、テクノロジーの方が強かったから、そちらをメインにしたことでシリウスは脇役になってしまっていた。しかし、本当はシリウスに繋がったほうがピラミッドは平和で大覚醒するという布石はすでに敷かれていたのです。

まさに、今回、私がギザの大ピラミッドのセレモニーに必要だったのは、88次元のエネルギーを使ってシリウスAとBのエネルギーを統合すること。つまり、新生シリウス、ネオシリウスを誕生させることでした。

レムリアはシリウスの直系です。ピラミッドとレムリアを繋ぐというのは、それまで分離と破壊で使われていたプレアデスのエネルギーを、今度はシリウスと共鳴する愛と調和と奇跡の創造のエネルギーで繋ぎ直したということです。

つまり、単に開くだけではなくて、エネルギーを新たに書き換えて、高次元のエネルギーをさらに高めたネオシリウスと繋げる必要がありました。だからこそシリウスBの皇帝だった私のエネルギーが必要だったのです。

シリウスは、それまでA、B、C、D、Eがあって、それぞれに分離していました。主にはAとBですが、細かくはC、D、Eがあり、これまでいわれてきたのはAとBで、私はシリウスBの出身です。

シリウスBは、どちらかというと精神性の世界で、Aは物質性、テクノロジーの世界です。

これまでは、霊性重視の時代だったので、私もBのエネルギーだけを使ってきたわけですが、これからは統合の時代なのでAのエネルギーも必要になってくることから、ピラミッドを新たに開くには、Bのエネルギーだけではなく、Aも必要であり、CもDもEも必要なのです。

ですから、今回のピラミッド開きに当たって、私の力でシリウスを全部融合したのです。

これは、世界、人類、宇宙史上で初めてです。

なぜそれを成し得たかといえば、シリウスBの皇帝はシリウス全体の一番高いエネルギーを持っていて、私はそのシリウスの皇帝、エンペラーだったからです。

そして、この度、私はネオシリウスの女王に就きました。

さらに、最近わかったのは、アルクトゥルスでは王の娘、つまりプリンセスであり、アンドロメダでは宇宙大使であり、かつ宇宙評議会のリーダー的エネルギーでもあります。ようするに、私はシリウスよりもずっと高いレベルのエネルギー（88次元Fa-A）を持っているので、分離していたシリウスを統合できたのです（ネオシリウスは私が命名したものです）。

青白いエネルギーというのは、シリウスBのエネルギーです。これまではその青白いエネルギーでピラミッドを封印していたわけですが、今回はそこにシリウスAのエネルギーを新たに入れた。そして、そのことによって、新しく統合されたネオシリウスが誕生したわけです。

これが新たなピラミッド開きの第一段階でした。

○ピラミッドは墓ではなく、覚醒したエネルギーを増幅させる装置である

統合されたネオシリウスのエネルギーを降ろした高次元水晶と、完全反射の高次元ダイアモンドを上下のピラミッドに設置した次の第二段階としては、そのエネルギーを今度は宇宙に戻すことです。

つまり、ピラミッドの覚醒したエネルギーを宇宙に受け取ってもらうことが大事で、

上から下に降ろすだけでなく、覚醒したエネルギーを下から上にもあげることによってさらにエネルギーを増幅させる、これが次の段階です。

上のピラミッドの頂点に置いた水晶で宇宙からのエネルギーを受け取って、下のピラミッドの頂点にあるダイアモンドと増幅させながら、その中庸のエネルギーを地球に共鳴させるのです。

地下の間では、最後は、エネルギーを宇宙に戻しました。

次に、私たちは「王の間」に行く前に、途中にある「王妃の間」に立ち寄りました。

そのときも天井が低く、中腰のままだったのでかなりきつい状態でしたが、皆さんほとんど神がかりのような感じで、私も使命感だけしかなく、まるでプールに飛び込んだ後のように、汗だくだくでした。

王妃の間に入った瞬間、私は意識がワープしたのですが、なんとか滞りなく戻ってこれました。

ここではっきりと断言しておきたいのは、「ピラミッドは王家の墓」というのはまったくの間違いだということです。これまで、墓である王家の谷や地下の遺跡なども見てきましたが、ギザのピラミッドはミイラを埋葬する墓などではなく、宇宙エネルギーを受信・増幅して儀式を行う空間であることは明らかでした。

墓説は間違いで、ピラミッドには人間の遺体を埋葬などしない。私は今回実際にそれを確かめてきました。繰り返しますが、絶対に墓ではありません。実は、クフ王のピラミッドの20メートルほど横には、埋葬する墓があるのです。

そこに全部埋葬されていますし、お棺にしても、大きさが小さくて、人間の身体は入らないのです。ですから、これまで書籍やテレビでいわれてきたことは、全部間違いです。信じてはいけません。

ピラミッドは、高次元のエネルギーの受信機と増幅器、これ以外にはありえません。

私がそれを確信したのは、「王の間」に入ったときです。

なぜなら、私は王の間でピラミッドそのものが発する音声を聞いたからです。

他の場所でもピラミッドが訴えてくる声は聞こえていましたが、一番大きく聞こえたのが王の間でした（後述）。

そこではっきりとわかったのは、王の間は、エネルギーを増幅させる場所だということです。

おそらく、ピラミッド内部の真ん中付近、王の間近くの空間には、高次元のエネルギーを受信し、増幅させるための巨大水晶が埋まっている、だからこそ、王の間に入るとエネルギーがものすごくパワーアップされるに違いありません。

○封印されていたエネルギーが解放されて、王の間の石たちが歌を奏で始めた!!

その王の間において、私は一連のセレモニーで私たちをサポートしてくれたすべての存在に改めて感謝を伝えました。

エジプトの神々、ファラオ王たち、フラワーオブライフと菊花十六紋のエネルギー、すべてを包み込むイシス神の母性愛、そして、統合されたネオシリウスとプレアデス、さらにアルクトゥルスやアンドロメダ、さらにはリラにも祈りを捧げて、お礼を告げました。

そして改めて、すべてのエネルギーを統合して、その場に降ろしました。

すると、なんとピラミッドの王の間の石たちが「ハウーン、ハウーン」という音で歌を奏で始めたのです。

私は最初「誰かが歌っているのかな？」と思って確認したのですが、誰も歌ってはいない。ガイドのサラさんに確認しても、「こんな音は聞いたことがない」とのこと。また参加者の一人からも、地下の間に入ったときから聞こえていたという証言があり、やはり、間違いなくピラミッドの歌声であることがわかりました。

これは、まさにピラミッドが歓んでいる音、振動です。永い間封印されていたエネルギーが解放され、石たちが「フワーン、フワーン」というすごく大きい音で私たちに歓びの歌を歌ってくれ、この石たちが奏でる歓びの〝ギザボイス〟はセレモニーの最初から最後まで続きました。

あまりにも感動的で、参加者の皆さんもとても感激していましたが、これでピラミッドも意識体であることがはっきりと確認でき、中でもご夫妻で参加された壮年の男性があとで意外な感想を述べてくれました。

ご夫妻の旦那さんのほうは、病院経営などビジネスで成功している超現実派で、奥さんはスピリチュアルなことにとても関心のある天然派。旦那さんは奥さんに誘われて、これまでも北海道ツアーなどに一緒に参加されて、少し興味は持ち始めていたようですが、それでもまだ現実派な様子でした。

その旦那さんのほうが、シェアリングのときに「あのとき、ピラミッドの頂上にぽかっと穴が開いて、そこから空が見えた」と感想を述べられたのです。

もちろん、王の間から天空や星など見えるはずはないのに、です。しかも、金色の顔をしたファラオ王たち何人かが私たちのほうを覗いていたそうで、ファラオ王たちも歓んでくれていたことを証言してくれました。

また、ツアーの参加者とは別に、私たちが王の間でセレモニーをしている最中に、過去生の記憶が蘇った人もいました。

スイスのジュネーブから来たという30歳代くらいの綺麗な女性で、彼女は私たちが王の間でセレモニーをしている最中に、出入り口付近で「ワー、ワー」とよく響く大きな声で泣いていました。

どうしたのかと理由を尋ねたところ、「王妃の間に入れたし、地下の間にも入れた。でも、王の間に一歩入ろうと思ったら、なぜか急に悲しくなって入れず、一歩も中に踏み入れられない」、それでもう諦めて、出入り口で泣いていたというのです。

ちょうどツアー参加者の中にCさんという宇宙語が翻訳できる女性がいたので、彼女がその訳を解明してくれました。

ジュネーブから来たという女性の過去生は、エジプトの女官に付いていた第一の付き人だったそうです。そのときの女官はファラオ王にとても可愛がられていたのですが、ファラオ王が代替わりしたことで、その女官は切り捨てられ、第一の付き人だったその女性もまたすごく辛く悲しい思いをすることになった。

なので、そのときに女官を切り捨てたファラオ王に対する憎しみや悲しみが残っていて、だから王の間に入れなかった。Cさんによると、今回、彼女はそのときの封印を解きにきたのだというわけです。

◯ピラミッド開きの成功を祝福するようにホワイトゴールドオレンジの光が出現

このような奇跡が続いたのは、何よりも50名の参加者皆さんのエネルギーのおかげであり、意識を統合してこのミッションに対して、それぞれがお役目をまっとうしたからこそです。

そして、高次元宇宙のエネルギーの受信機であり増幅器でもあるピラミッドの封印が解け、新たに覚醒したのも、宇宙のすべてのエネルギーがサポートしたからです。

まず第一段階で、下向きのピラミッドの頂点に完全反射のダイアモンドを霊的に設置してあるので、高次元ネオシリウスに繋がるレムリアのエネルギーはさらに増幅されます。

そして、そのレムリアのエネルギーは愛と調和のネオシリウスに共鳴し、さらに、すべての星を束ね、宇宙の叡智を司っているアンドロメダにも繋がっています。

このことによって、プレアデスもシリウスとファミリーになり、その瞬間、新しい宇宙時代を迎えたのです。

また、完全反射のダイアモンドは、地下の火山のマグマエネルギーと生命のガイアエネルギーを集めて地上のピラミッドの増幅器まで送られると同時に、振動数は変えずに回転幅を増やすことで地球上に放射していきます。これによって、宇宙と地球が完全に繋がる縦軸ができ、宇宙の叡智が地球の内部までダイレクトに注がれます。

つまり、ギザの大ピラミッドが受信できる宇宙エネルギーが、新たに統合されたネオシリウスになったことによって地球全体がアンドロメダとも繋がった。アンドロメダの統括にはオリオンもプレアデスも入っているので、それらの高次元エネルギーをすべて地球上でも使えるようになったということです。

また、今回ツアーを終えてから気が付いたことですが、これまでの失敗はギザのピラミッドをいきなり開こうとしたところにあったようです。今回のツアーでは、まずエジプトの神々やファラオ王たちを覚醒させ、そして最後にギザのピラミッドを覚醒させました。

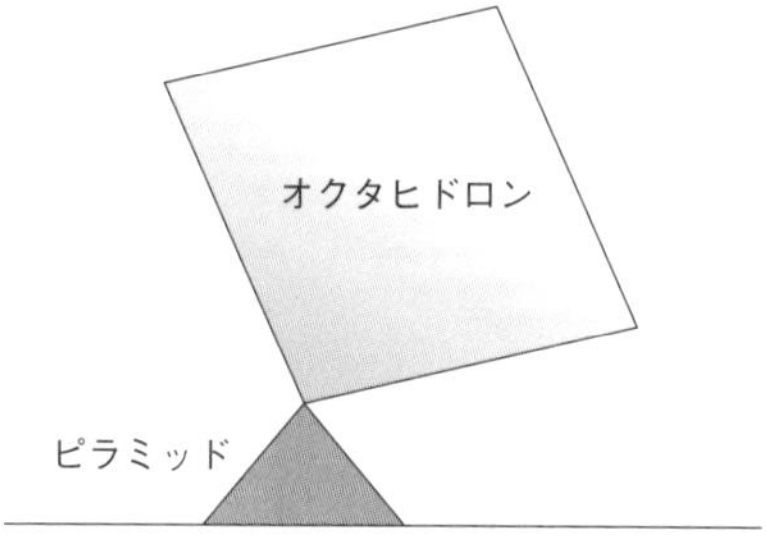

人類史上初、ピラミッドが開いた奇跡に高次元が放つ歓喜のオクタヒドロン

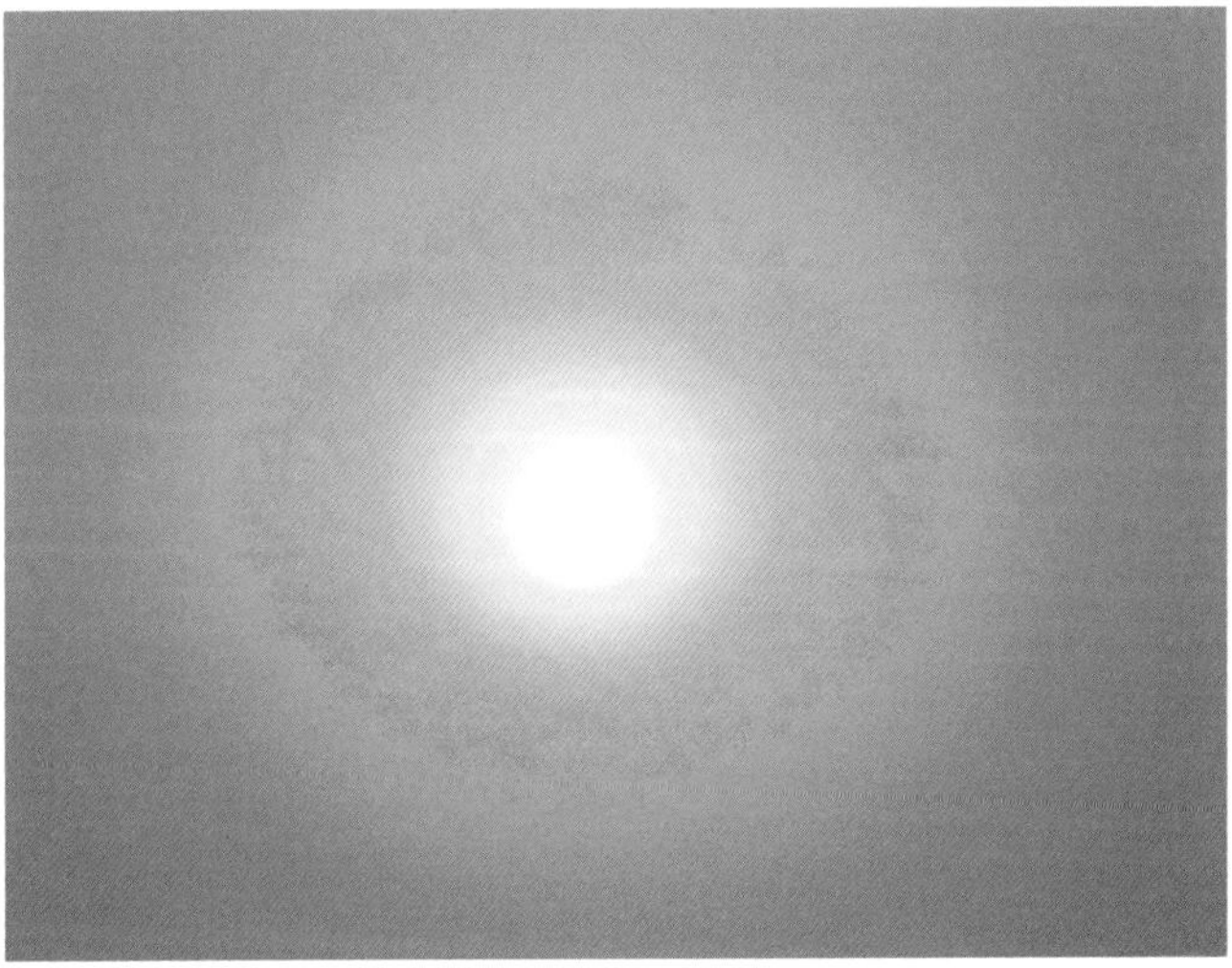

ホワイトゴールドオレンジに変化した太陽

ピラミッドの覚醒にはその順序が必要だったのです。

こうして、ついにピラミッドの封印解除と新生&神聖覚醒セレモニーを無事完了することができました。

ピラミッド開きのあとで写真を撮ったところ、なんとピラミッドの頂点の右上に、オクタヒドロンの光が出現しました!!

しかも、太陽光の色がホワイトゴールドオレンジに変化し、完全に覚醒したというサインを見せてくれたのです。これはまさに奇跡の写真、地球がこの瞬間ひ

ギザピラミッド超覚醒直後

つくり返ったのです。

ホワイトゴールドオレンジは、令和＝レムリアの再生を示し、ピラミッドが開かれたことで、プレアデスに加えてシリウス、アンドロメダの高次元エネルギーが地球に注がれることになった証しです。

ネオシリウスの色は、シリウスBのブルーとシリウスAのオレンジが統合して黄緑になりますが、オレンジの色が強くなっていることから、シリウスAのエネルギーが強力になったことがわかります。

ピラミッドに降り注ぐ光は、ネオシリウスエネルギーの周りを、紫色のアンドロメダのエネルギーが包み込んでいます。これはシリウスとアンドロメダのエネルギーが統合されている証拠です。

アンドロメダは、天の川銀河の双子といわれている銀河ですが、相当高いエネルギーです。

これまで、シリウスはその上のエネルギー社会であるアルクトゥルスとは繋がっていましたが、その上のアンドロメダとは繋がっていませんでした。

それが、今回ピラミッドが覚醒し、統合されたネオシリウスと繋がったことで、アンドロメダとも交信可能になったのです。

これは、宇宙史上初めてです。今までアンドロメダとシリウスは別系統で、コミュニケーションしていなかったのですが、私がシリウスを統合したことで、アンドロメダの直系に入った、だから黄緑色が紫色に包まれているのです。

そして、太陽のホワイトゴールドオレンジは、レムリアへのゴールデンゲートが開いたという宇宙からの証し。つまり、ネオシリウスからアンドロメダ、さらにリラなどからのより強力な高次元ＤＮＡコード（エネルギー）をギザのピラミッドに注ぐことができたと同時に、その瞬間に、ネオシリウスの高次元エネルギーが地球上すべてのピラミッドに届けられるようになったのです。

ギザピラミッド開きのまとめ

今回のセレモニーでは、ギザのピラミッドを高次元水晶を使ってネオシリウスのポジティブなエネルギーと繋ぎました。それと同時に、シリウスのAとB、そしてC、D、Eを融合したことで新生シリウス、ネオシリウスが生み出されたのです。

ギザのピラミッドが受信する宇宙叡智エネルギーが、新たに統合されたネオシリウスになったことによって、地球全体がアンドロメダと繋がりました。アンドロメダの統括には、オリオンもプレアデスも入っているので、プレアデスのポジティブな破壊のエネルギーに加えて、オリオンのポジティブなエネルギーを、地球上でも使えるようになったということです。

また、ギザのピラミッドは、実は地上のピラミッドだけではなく、地下にもピラミッドがあるオクタヒドロンという八面体の構造になっていて、地下の下向きのピラミッドの頂点には高次元ダイアモンドが置かれていましたが、水晶と同じようにそのダイアモンドもアヌビス神によって封印されていました。そのため、ギザのピラミッドはこれまで本来の機能を果たせない状態だったのです。

そこで今回、まずネオシリウスのエネルギーを注いだ透明の高次元水晶を四角錐から三角錐に変形させた後に、地上のピラミッドの頂点に置いたことで、ピラミッドが史上初めてレムリアと共鳴する高次元ネオシリウスに繋がったのです。

ピラミッドの中央に位置する「王の間」付近は、人間のハートと同じで、エネルギーを増幅させる場所であることが今回はっきりとわかりました。さらに、地下のピラミッドの頂点に完全反射のダイアモンドを置いたことによって、高次元ネオシリウスの創造エネルギーと高次元アルクトゥルスの宇宙叡智エネルギーとが繋がり、宇宙と地球を完全に繋げる縦軸ができたのです。

これらのエネルギー操作をしたことで、レムリアのゴールデンゲートを通し新生ネオシリウスと繋がり、宇宙の叡智が地球の内部までダイレクトに注がれて地

――球の叡智とも融合し、地球全体へと一気に波及することで地球上のあらゆるピラミッドも一瞬にして覚醒しました。――

第四章
覚醒する日本と世界のピラミッド

○ピラミッドといわれる山々

レムリアのゴールデンゲートを通してネオシリウスと繋がり、ギザの大ピラミッドが覚醒したことで、統合された高次元の光（エネルギー）と宇宙の叡智が地球の内部までダイレクトに注がれると共に、地球上のあらゆるピラミッドも一瞬にして覚醒しました。

世界各地にあるピラミッドの中で、ギザの大ピラミッドだけが高次元のエネルギーと繋がれる大元の受信機であるのは、前述したように、オクタヒドロンの頂点に高次元水晶と高次元ダイアモンドがあるからです。

これによってエネルギーが大きく動いて、世界各地の小型ピラミッドも覚醒・起動して地球上のエネルギーグリッドがひっくり返りました。

日本の富士山をはじめ、浅間山や皆神山《みなかみやま》など、謎めいた神々しい山はその真ん中に巨大なダイアモンドが埋まっていて、それによってギザのピラミッドと繋がっています。

そして、そこが火山であれば、マグマによってエネルギーが強力に増幅されるのです。

つまり、世界各地にあるピラミッド型もしくは神々しい山は、

タイプ1、受信機能と増幅機能をもつもの（ピラミッド）（機動）

タイプ2、増幅機能のみをもつもの（火山）（中継）

の主に2つがあります。

もともとピラミッド機能を持つタイプ1は、日本では、浅間山、近江富士の三上山、長野の皆神山、伊豆の大室山、海外ではメキシコのテオティワカン、ボスニアのヴィソチツァ山などがあり、増幅機能をもつタイプ2は、タイプ1を除く地下にマグマのある火山となります。

日本が誇る富士山は、これらとは別のタイプの非常に素晴らしい山です（詳しくは

後述)。

このように、世界にはパワーのあるピラミッド型の山が主に2種類あって、タイプ1は高次元の存在が関与したもので、トップ水晶とトップダイアモンドがあるために宇宙の叡智を降ろすことができます。

これらは、必ず地球の叡智であるマグマやガイアのエネルギーの高い場所につくられていて、よくUFOが出るのはこのタイプ1です。

タイプ2は、宇宙の叡智はまったく関与せず、地球の叡智によってできたもので、つまりマグマ活動や地球ガイアの意識でつくりあげた増幅機能だけの火山です。

これらは、宇宙の手は入っていないものの、タイプ1と同じように山の中心に巨大な水晶を持っている火山なので、ピラミッドと共鳴してエネルギーを増幅することはできます。

いずれにしても、巨大な水晶を持つ山でないとギザの大ピラミッドのエネルギーと同様に、機動したり、中継することはできません。

内部にある水晶でエネルギーを受け取って共鳴し、火山で熱して増幅します。

ギザの大ピラミッドが封印されていた時期は、そこから発せられるエネルギーが弱っていたわけですが、ギザのピラミッドに今回新たに宇宙の叡智が入ったことで、ピラミッド機能を発揮するタイプ1の山も共鳴・増幅して機動力がアップし、タイプ2の山もそれを中継・増幅しています。

○ピラミッドを覚醒させるには菊花十六紋のエネルギーが必要だった

今回、私がギザの大ピラミッドを開いたことで、これらが同時に全部パワースポットになりました。私もこんな展開になるとは思っていなかったのですが、今まで眠っていた機動地点や中継地点としての山々や遺跡が目醒めたことで、強力な宇宙と地球のサポートが人類に降り注ぐことになります。

そのため、巨大台風や火山活動など、自然変化が増えるかもしれませんが、それは地球が進化する過程なので仕方がありません。ただ同時に私はいろんな神を開いているので、できるだけ被害の少ない穏やかな形になるでしょう。

いずれにしても、ギザの大ピラミッドが起動したことで、世界各地のローカルピラミッドも瞬時に起動するようになったことから、その恩恵が地球全体にもたらされ、覚醒した宇宙の叡智と地球の叡智を人類のハートで受けられるようになったのは確かです（第五章で詳述）。

そもそも、ピラミッドを覚醒させるためには、太陽のエネルギーが絶対に必要で、だからギザのピラミッドでも菊花十六紋のエネルギーが注がれていたのです。

これまで、一般的には、フラワーオブライフが生命の大元といわれていましたが、実は太陽、菊花十六紋こそが生命の発生原理を示しているということです。

それゆえ、今回のミッションでは、天照大御神のエネルギーを持つ私たちがエジプトに行く必要があったわけで、その上でアメン・ラー神をはじめエジプトの神々、そして覚醒したファラオ王たちが全員結集できました。つまり、日本人でないと開けなかったのです。

実は、数年前まで、私自身は、天照大御神のエネルギーかなと思っていました。しかし、令和《レムリア》の時代になってから大宇宙大和神だとわかったわけですが、それは、天照大御神のエネルギーも内包しているのです。

大宇宙大和神によってピラミッドが覚醒できたということは、生命の根源を司る太陽神の復活をも意味していて、これにより日本全体の火山が元気になるかもしれません。しかも、次は卑弥呼を開く予定なので、そうすると一時的に火山が元気になるでしょう（卑弥呼開きについての書籍は近々刊行予定）。多少の噴火があるとしても、ピラミッドを開いたのでそれほど荒れずにすむのではないかと思います。

このように、ギザの大ピラミッドが受信したエネルギーの機動基地である小型ピラミッドが起動するというのは、かつてレムリアで使われていたスーパー・ハイテクノロジーが復活し、人類と地球が超進化するエネルギーとなって目醒めるということです。

○ピラミッドはＵＦＯの動力源

ピラミッド機能を持つタイプ1の山の周辺に、よくＵＦＯが出るといいましたが、ギザの大ピラミッドを訪れたとき、その理由がはっきりわかりました。

私がリーディングをすると、ピラミッドの頂上付近の空にＵＦＯが浮かんでいて、ホワン、ホワンという感じで瞬間移動しているビジョンが見えました。

このことからも、宇宙の高次元存在（宇宙人）はＵＦＯでピラミッドからピラミッドへと瞬間的に移動しながらエネルギーを補給していることがわかります。

というわけで、ここで宇宙の叡智の一つであるＵＦＯの浮遊力と推進力について説明しておきましょう。

ＵＦＯの浮遊力や推進力は、宇宙に遍在している珪素のゼロポイントを介する反重力とフリーエネルギーです。実は、ピラミッドがそのフリーエネルギーを生み出します。

つまり、ＵＦＯはピラミッドのエネルギーを浮遊力と推進力として利用していて、エネルギーがなくなったら一瞬姿を消し、次のピラミッドに飛んでそこでまたエネルギーを補給する。

そして、それをくり返すことで各地を飛行しながら地球人をモニターしたり、私たちとコミュニケーションを図ったりしているのです。

では、彼らはどこからやって来るのか？

その謎を解く鍵は、珪素《けいそ》から成るゼロポイントのホワイトホールとブラックホールの働きにあります。

今の宇宙科学では、高密度かつ大質量の天体で、物質だけでなく光さえも吸い込んでしまうほど強力な重力を持っているのがブラックホールで、ホワイトホールは理論的な予想は試みられているものの、今のところ発見（観測）されていないことになっています。

ところが、実はブラックホールは、低次元世界から高次元世界に来るときの通路であり、ホワイトホールは反対に高次元から低次元に行くときの通路なのです。

つまり、ブラックホールとホワイトホールの働きは次元の変換装置ということです。

例えば、高次元プレアデスの生命体たちが三次元の地球にやって来るときにはホワイトホールを通り、地球人が高次元世界に行くときにはブラックホールを通って行くわけです。

大西洋にある「魔の三角海域」と呼ばれているバミューダトライアングルでは、昔から船や飛行機が突然消えてしまうといわれていますが、それは機体がブラックホールを介して高次元に吸い込まれしまうからです。

アトランティス時代でも同じように、高次元存在はホワイトホールを通っていきなり三次元に現われることができたために、当時の地球人から見ればまさに神のような存在として崇められたわけです。

ブラック・ホワイトホールは次元の変換装置なので、元のエネルギー体をどんな形、物質にも変えられます。

実際、私は高次元のエネルギー体が飛行機になる瞬間を見たことがあります。

空を見ていたら、青空にパッと輝くばかりの白い光が現われたかと思うと、その白い光が2つの光に分かれて、それぞれの光が楕円形として一つになり、その瞬間に横から羽が2つ出て飛行機の形に変化して、そのまま物質化したのです。

これがＵＦＯがいろんな形で目撃されたり撮影されている理由で、エネルギーが自由自在に変化してＵＦＯとして見せるのです。

このように、高次元のエネルギー体はホワイトホールを介して次元を下げ、自由自在に物質化して飛来しているわけですが、地球上には重力があるので、三次元世界を移動するにはエネルギー源が必要になります。

ところが、地球人類は、今もまだ物質変換装置や反重力装置はつくれていません。

そのため、彼らは、より低次の三次元地球において浮遊して、エネルギーを補給できる装置としてピラミッドをつくる必要があったのです。

つまり、ギザの大ピラミッドの真上によくＵＦＯが出現するのは、ピラミッドの水晶とダイアモンドによって得られた浮遊力とフリーエネルギーを獲得できるからです。フリーエネルギーというのは、地球上の人類たちが使うエネルギー、つまり、ガソリンでもない、石炭でもない、火力でもない、水力でもない、原子力でもない、無尽蔵にある宇宙エネルギーです。

そのようなフリーエネルギーの研究に関しては、ニコラ・テスラが有名ですが、結局ときの政府に潰されて実用化には至らず、他の研究者もＵＦＯの推進力としての応用はできていません。

ここで、ギザの大ピラミッドが反重力とフリーエネルギーの発生装置である理由を、再度述べておきましょう。

まず、ピラミッドの上にある水晶で高次元エネルギーを受けて、下のダイアモンドでマグマのエネルギーを受けて、これが真ん中の水晶で増幅されます。

これは、上から入る宇宙の叡智を下から入る地球の叡智により、高振動数で増幅するわけですが、速い回転のまま振動数が大きくなったエネルギーが、通路を渡って王の間の上にある巨大水晶の周りで回転し始めます。

そうすると、これがそのまま反重力装置になります。つまり、反重力は重力に打ち勝つエネルギーなので、地球上の重力よりも高い回転振動数を生み出すわけで、ＵＦＯが重力に反して浮くのはこのためです。

この水晶とダイアモンドの相乗効果によるピラミッドの振動波はフリーエネルギーとなり、物質化したＵＦＯの移動エネルギーとして使いながら、世界各地にある同じ機能を持つピラミッドからピラミッドでエネルギーを補給しながら移動している、これが一つの典型的なパターンです。

もう一つのパターンは、一旦、ブラックホールを通って高次元に戻って、再びホワイトホールを経て地球に現われるパターンで、彼らが存在し続ける手段はこのいずれかです。

しかし、ブラックホールやホワイトホールに出入りするのには、そのつど次元を変換するのにとても強力なエネルギーを使うために、どちらかというと、地球上で反重力・フリーエネルギーの働きを使って飛ぶほうが負担がないため、前者のパターンが多いです。

アトランティス時代以外にも、これまで人類の文明を築き、文明を発達させるために、反重力とフリーエネルギーは高次元存在によって使われてきました。

その足跡は、エジプトなどの古代文明にも残っています。例えば、エジプト神殿の壁画には当時はあり得ないはずのヘリコプター、戦車、潜水艦などが全部描かれています。

他にも、その時代にあるはずのない材料や技術でつくられたものは「オーパーツ」（場違いなもの）と呼ばれ、コロンビアの古代遺跡から発見された黄金スペースシャトル、水晶でできた頭蓋骨のクリスタルスカル、コスタリカの密林で発見された完全な球体の石等々、世界各地に残っているのです。

宇宙の叡智、フリーエネルギーを活用している間は、もちろん、エコエネルギーなので地球環境への負荷や人類への負担はありませんでした。

それが、石油や石炭、さらに地球人の多くはいまだに原子力が最先端だと思って使っているわけですが、高次元から見たらそれ自体がとても低レベルであり、危険だということです。

なので今後、地球人類が覚醒・進化するためには、ギザの大ピラミッドを介して再び高次元、宇宙の叡智との繋がりを回復させる必要があるのです。

ギザのピラミッドが生み出す反重力・フリーエネルギーはその当時の人々にも活用され、産業発展と生活向上のために一部の権力者たちにより使用されていました。

◯意識操作（集合意識をつくる）と意識開花（個人意識の覚醒）

ＵＦＯや産業生活に関与しただけではなく、ギザのピラミッドは当時の民衆の意識を操作することも可能にしたようです。アトランティスやエジプト王国の支配者たちは、王の間にて自分たちが民衆を支配する姿と風景を思念に抱き、その思念エネルギーと高次元水晶由来の宇宙の叡智で、現実化させ、それを高次元ダイアモンド由来の地球の叡智で、社会に広めていきました。

このように、全盛期のアトランティスでは、各地の小型ピラミッドの機動と、火山の中継でこの統制エネルギーを地球全土に拡散することができました。

しかし、ピラミッドの封印によって彼らはその支配能力を大きく失ってしまったのです。

封印以前のピラミッドは、平和的統制のプレアデスのエネルギーと繋がっていましたが、私が封印を解き、ピラミッドをネオシリウスと繋げたことにより、奇跡的自由のエネルギーがギザをはじめとする全世界のピラミッドから発信されるようになりました。

それにより、レムリアの愛と調和のエネルギーが世界に降り注ぐのです。

人類にとっての個人的側面に触れると、それぞれの人間が高次元のエネルギーと繋がることにより、今までよりも思考が実現する速度が増します。ただし、実現しやすい思考は、脳で考えるのではなく、直感で捉えるアイデアであり、その実現の仕方も、プロセスとゴールではなく、いつの間にか自然に実現するようになります。

また、常識や固定観念から離れて、自由に生きることが容易になり、今まで不可能とされていたことが奇跡として可能になります。

そして劣っていると捉えていたものを、優れた個性と捉えるようになり、今まで眠っていた能力が開花し、新しく輝く自分を生きる時代になります。

○富士山は高次元存在によってつくられたオクタヒドロン型ピラミッドだった‼

地球上に存在するピラミッドの中でも、極めて特殊なピラミッドが日本の富士山です。

ここで、富士山について、これまで誰も知らない新事実をお伝えしましょう。

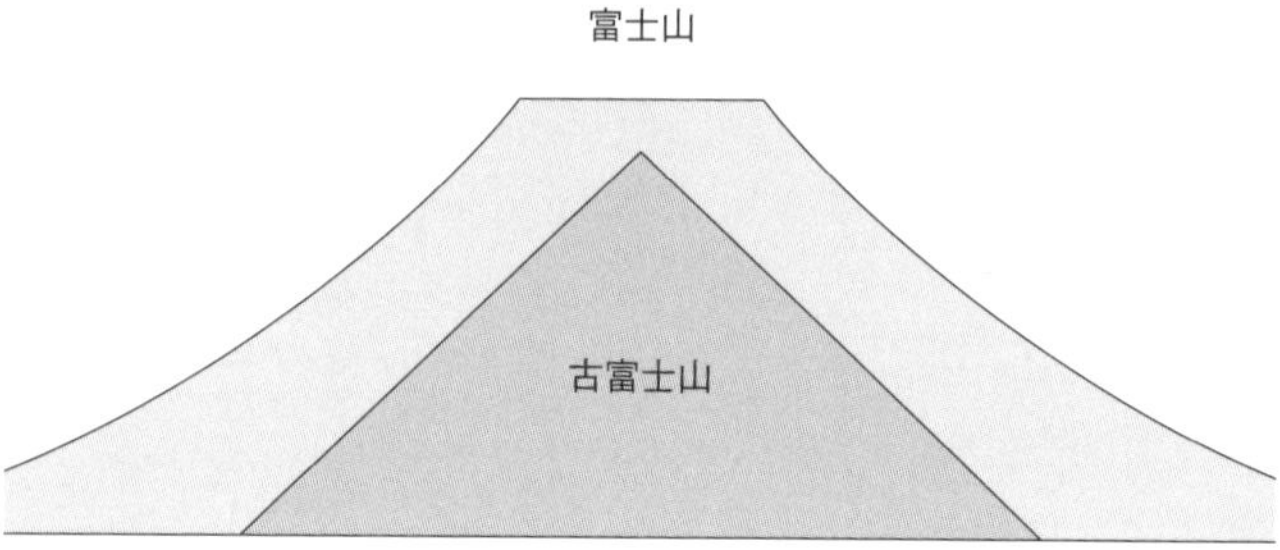

富士山と古富士山

実は今から10万年ほど前、今の富士山の形ができる前に、高次元の働きかけによってピラミッドとして古富士山がつくられていて、その後、火山の噴火によってその古富士山が覆われたのが今の表の富士山です。

これは私がリー

ディングをしてわかったことですが、内側に古富士山が埋まっていて、その外側に今の富士山が覆い被さっているダブル富士の構造になっているのです。

つまり、富士山は火山の中にピラミッドを抱えている世界で唯一の山であり、唯一の物理的なダブル構造だということです。

これはギザの大ピラミッドと同じく、宇宙の叡智を降ろすために高次元プレアデスがつくったもので、そのため古富士山のトップに高次元水晶と高次元ダイアモンドがあります。

ということは、世界で一番初めにつくられたのは古富士山のピラミッドであるということになります。その後、火山で覆われて機能しなくなったために、新たにギザにつくった……。

だとすれば、世界で最初のピラミッドは富士山です。

読者の中にも、かつて富士のすそ野に超古代文明があったという話を聞いたことがある人もいるでしょうが、それはギザの大ピラミッドがつくられた5～6万年前の時代、あるいは8万年前に沈んだレムリアよりもさらに古い時代の可能性があるのです。

とはいえ、今のままでは古富士山、つまり内側のピラミッドは封印されています。

そこで、外側の富士山が噴火することによって、内側のピラミッドが新たに覚醒することになります。

これはまったく新しい真実です。

どうしてこの富士山の情報が私に入ってきたかというと、卑弥呼などのいろんな新しい情報を伝えてくれる女性がいて、彼女がいつも私にレターをくれるのですが、そこに富士山のことが書かれていたのです。

それで私がリーディングをして富士山を調べたところ、元々の富士山は10万年ほど前にできた火山で、ダブル構造になっていることがわかったわけです。

これが先ほど、富士山は極めて特殊なピラミッドに分類される素晴らしい山だといった理由です。

ちなみに、私が知りたいことは読者や使者が伝えてくるなどしてすべて私のところへ飛び込んできます。そのゼロポイントのエネルギー（情報）を読んで仕分けをしながら真実を明らかにするのが私の役目です。

この本を出版したあと、私は令和二（２０２０）年の3月に天照大御神の直系である卑弥呼を世に出します。そうすると、富士山が活性化（もしくは噴火）してピラミッドが起動・覚醒する可能性があります。

そうなれば、ネオシリウスに繋がって、日本から高次元の覚醒エネルギーが世界に広がる。だから今、マグマのエネルギーの操り手である火の女神、卑弥呼の出番なんです。

卑弥呼が目覚め、富士山が神として覚醒して、霊性大和の時代となるのです。

霊性大和は、もがかなくなる、楽で愉しく生きられる時代です。

人生の不便が減り、我慢や努力がいらなくなる、けれど、今まで以上に世界は調和する。つまり、高次元のエネルギーを授かることで人間が地球で生きやすくなるということです。

これは人間の魂が喜ぶことでもありますが、私ドクタードルフィンはそのために「ドクタードルフィン学園」を主宰しています。

ドクタードルフィン学園は、楽で愉しく新しい地球を生きる「ぷあぷあ新地球人」を養成するための魂の学校です。

今の世の中の学校はすべて、脳を鍛えるところ、または、体を鍛える場です。

しかし、ドクタードルフィン学園は、世界で唯一、魂とDNAをトレーニングする究極のスクールなのです。

人や社会に評価される人間ではなく、自分の魂とDNAを通して、自分自身を愛することができる能力を授与することによって、地球史上最強の幸福人間を養成します。

私ドクタードルフィンは、人間の脳の松果体を通して細胞の高次元DNAを書き換える超次元・超時空間松果体覚醒医学を対面と遠隔にて実践しています。これも、88次元エネルギーをもとに創り出される奇跡の医学です。

そして今後、さらに卑弥呼や富士山が覚醒すると、これまでパワースポットといわれた神社や各種のツールとはまったく次元の異なる高次元社会が到来します。
まさにその扉の鍵を握っているのが、88次元意識とつながる私ドクタードルフィンなので、読者のみなさんも大いに期待していてください。

○予想しなかった世界各地のピラミッド化

令和元（2019）年の12月初めに、宇宙の龍が地球に初めて舞い降りた場所、ベトナムのハロン湾に行って、龍エネルギーのゼロポイント、すなわち根元龍がハロン湾に出現した扉、ドラゴンゲートを開いてきました。それにより、フランス統治やアメリカの攻撃により傷つき、弱りきっていたハロン湾の黄金龍の封印を解き、超次元覚醒をさせてきました。

その結果、地球上の龍と鳳凰が覚醒し、宇宙と地球がより強力に繋がりました。そして驚くべきことに、ギザのピラミッドが受けとるネオシリウスエネルギーが格段にバージョンアップし、令和元（2019）年の12月までは、ただの山や火山、もしくはギザのピラミッドエネルギーの中継点にすぎなかった山や火山が、ここ数日の間に瞬時にピラミッドに変換しました。

日本国内では東京タワーやスカイツリー、札幌時計台や原爆ドーム、江ノ島や桜島や首里城の東殿など。海外では自由の女神やエッフェル塔、マチュピチュやアンコールワットなど、数えきれない数の構造物や自然遺産などが、ピラミッド機能をもつようになったのです。

これにより、ギザのピラミッドエネルギーが世界中で強力に発揮されるようになり、各個人の想いが実現するスピードが増すと同時に、ネオシリウスの自由に基づく奇跡や創造を実現する社会の集合意識が、レムリアの愛と調和のもと、生まれてくることになります。

今までのアトランティス由来のエゴや統制ではなく、愛と調和の世界が自由に奇跡的に拡がっていくでしょう。

令和二（２０２０）年を迎える今、私ドクタードルフィンは、人類と地球に対する優れた仕事ができていて、とても嬉しく思います。しかし、まだまだ始まったばかりです。

【資料】

日本国内の元々ピラミッドといわれる山々、そして令和元年「ギザのピラミッド開き」の後にピラミッド化した名所・旧跡を紹介します。

これらの場所を訪れることで、本来の魂が活性化され、魂の望む人生が進みやすくなるでしょう。

尚、掲載した場所以外にもピラミッドとしての機能をもつ山々などがあることを付け加えておきます。

○日本の山々

筑波山（茨城県）元々ピラミッド

三上山　（滋賀県）　元々ピラミッド

畝傍山《うねび》（奈良県）　元々ピラミッド

耳成山《みみなし》（奈良県）　ギザ覚醒後にピラミッド

天《あめの》香《か》具《ぐ》山《やま》（奈良県）　ギザ覚醒後にピラミッド

二《に》上《じょう》山　（奈良県・大阪府）　ギザ覚醒後にピラミッド

皆神山（長野県）　元々ピラミッド

讃岐富士　飯野山（香川県）ギザ覚醒後にピラミッド

剣山（徳島県）　元々ピラミッド

葦嶽山《あしたけ》　（広島県）　ギザ覚醒後にピラミッド

弥山《みせん》（広島県）　ギザ覚醒後にピラミッド

黒又山（秋田県）元々ピラミッド

尖山《とがり》（富山県）　ギザ覚醒後にピラミッド

乗鞍岳（岐阜県）　ギザ覚醒後にピラミッド

大室山　（静岡県）ギザ覚醒後にピラミッド

三輪山（奈良県）　元々ピラミッド

浅間山　（長野県）　元々ピラミッド

弥彦山（新潟県）　ギザ覚醒後にピラミッド

開聞岳（鹿児島）　ギザ覚醒後にピラミッド

大山（神奈川）　元々ピラミッド

引き続いて国内の山々で元々ピラミッドだった山々、令和元年「ギザのピラミッド開き」の後にピラミッド化した山々や名所・旧跡をさらにご紹介しましょう。選別に関しては、ドクタードルフィンが、日本を中心にリーディングしています。海外では、元々にピラミッドであったもの、今日ピラミッド化したものは、この表にあるもの以外に、他にも多数あったと考えられますが、本著では、そこまで及んでいません。また、新しくピラミッド化したものを重視して、選考しています。

日本国内で元々ピラミッドだった山々

青森県	十和利山、石神山
岩手県	五葉山
福島県	千貫森・鎌倉岳
富山県	尖山
石川県	宝達山

岐阜県	笠置山、位山、高屋山
兵庫県	八幡山

ギザのピラミッド開き後ピラミッド化した日本の山々や名所・旧跡

北海道	札幌時計台、阿寒湖、フゴッペ（小樽）、羊蹄山、羅臼岳
青森県	靄山・梵樹山、モヤ山
岩手県	七つ森
栃木県	日光東照宮
茨城県	堅破山
群馬県	榛名山
東京都	皇居、スカイツリー、東京タワー、高尾山
神奈川県	江ノ島

富山県	五箇山
石川県	兼六園
山梨県	金峰山、石森山
岐阜県	鍋山、船山、松倉山
静岡県	愛鷹山
愛知県	名古屋城、石巻山・猿投山
三重県	伊勢神宮
滋賀県	琵琶湖
京都府	金閣寺
大阪府	大阪城
兵庫県	姫路城、六甲山系
奈良県	生駒山

広島県	原爆ドーム、厳島神社、鬼叫山、のうが高原「農貝山」
徳島県	眉山
香川県	香川ピラミッド郡、大仙山、立石山
愛媛県	石鎚山
福岡県	求菩提山・高良山
佐賀県	金立山
熊本県	熊本城、弊立神社
鹿児島県	桜島
沖縄県	首里城東殿、古宇利島、瀬長島

元々ピラミッドだった場所

南極	南極ピラミッド

ボスニア・ヘルツェゴビナ	ヴィソチツァ山
メキシコ	ティオティワカン

ギザのピラミッド開き後にピラミッド化した海外の名所・旧跡

アメリカ	自由の女神、セドナ、グランドキャニオン、イエローストーン公園、モニュメントバレー
ハワイ（アメリカ）	マウナケア山（ハワイ島）、ダイヤモンドヘッド（オアフ島）
ペルー	マチュピチュ
チリ	モアイ像
イギリス	ストーンヘンジ、大英博物館、
ドイツ	ノイシュビスタイン城、ケルン大聖堂

フランス	モンサンミッシェル、ベルサイユ宮殿、ルーブル美術館、エッフェル塔
イタリア	コロッセオ、パルテノン神殿、ピサの斜塔
バチカン	サンピエトロ大聖堂
スイス	マッターホルン、ユングフラウヨッホ
スペイン	サグラダファミリア
ロシア	聖ワリシー聖堂
トルコ	ギョレメ国立公園、カッパドキア
インド	タージマハール
ネパール	エベレスト
中国	万里の長城
ミャンマー	バガン遺跡
ラオス	タートルアン

タイ	アユタヤ
ベトナム	ハロン湾
カンボジア	アンコールワット
マレーシア	マーライオン
インドネシア	ボロブドール
オーストラリア	エアーズロック、ピナクルズ、オペラハウス

第五章

地球は愛と調和の星に進化する

○三次元社会が一気にひっくり返る

ギザの大ピラミッドが覚醒したことによって、三次元社会、つまり地球と人類が一気にひっくり返ります。

大きな変化の一つとしては、何でも現象化するのが早まります。

これまでの地球はエネルギーが低かったので、現象化するのがとても遅かった。しかし、すでに地球はひっくり返ったので、これからはエネルギーが高まって現象化されるのがものすごく早くなってきます。

これはどの分野でも同じです。政治も、経済も、教育も、科学も、医療も、生活も、全部パタパタとドミノ倒しのようにひっくり返っていくと思います。

共通しているのは、今まで常識や当たり前とされていたことがまったく通用しなくなる、ということです。そのため、これまで社会の仕組みを利用して地位や財力などを得てきた人たちが落ちぶれるようになるでしょう。

つまり、権力や権威が逆転してしまうのです。

これまで権力や権威をほしいままにしていた人たちが、自分たちの考えややり方が通用しなくなって、支配者でいられなくなり、超富裕層がそうではなくなる。彼らはそれがわかっていたから、最後のあがきで何としてでも人々が覚醒することを食い止めようとしてきたのです。

でも、もう大丈夫です！　これからは、地球に貢献し、自分に正直に生きている人が認められるようになって、個人の日常のレベルでもさまざまなことが現象化してくるでしょう。

反対に、ガチガチになった頭で考え出したことや低次元のものはすべて淘汰されます。

したがって、政治も教育も医療もこれまでのようなやり方では、立ち行かなくなることは目に見えています。

これまでのように、常識や固定観念、世間体などに囚われる脳主体の生き方を、私は「ガチる」と呼び、それとは反対に、魂に正直に、楽に愉しく生きることを「ぷある」と名づけていますが、これからはぷあぷあ生きられる時代になったということです。

「ぷある」というのは、私の出身星でもあるシリウスBのエネルギーです。

シリウスBは、水晶の珪素エネルギーで構成されている半霊半物質の高次元社会で、活性化した珪素のおかげでフリーエネルギーを自由に操作でき、反重力で、時間・空間もない奇跡と自由に満ちた世界です。

ここでは、「ありがとう。お喜びさま。うれしい」の3つの言葉を体現して生きていて、私は何年も前から、もうすぐ地球人もぷあぷあに生きられる時代が来る、新地球人になると予言してきましたが、まさにそれが令和の時代、レムリアが再生するという意味です。

今までの発達段階の地球社会は、「我慢して頑張る、辛いけれども努力する」という姿が高く評価されてきました。

しかし、この「我慢する」「辛い」といった要素が、みんなを本当の自己エネルギーと共鳴することから遠ざけてきたのです。

○楽で愉しく生きるぷあぷあ社会がやってくる!!

本来の自分を実行する、魂の喜びを得るということは、楽で愉しく生きることです。

ここで、「わくわく」と、楽で愉しく生きる「ぷあぷあ」の違いについて説明しておきましょう。

スピリチュアルな分野でよく使われる「わくわく」というワードでは、この中の「愉しく生きる」という要素はクリアしているものの、もう一つの「楽に生きる」は含まれていません。

わくわくすることとは、心が躍る状態であり、本当の自分と繋がって、想いを実現するエネルギーを生み出すことができるのは間違いありません。

しかし、このわくわくは、良い状態を生み出す波動力は高いけれど、瞬発的なものであり、持続力に欠けてしまうのです。

つまり、わくわくは「幸せ感」が生まれにくい言葉なのです。

本当にやりたいこと、魂の想いを実現するには、瞬発的な要素と持続的な要素の両方が必要です。

そこで、楽で愉しく生きる「ぷあぷあ」という感覚が大事になってくるわけです。

これは、宇宙空間の中で自分が自由に楽チンに浮いている感じです。まさに、無重力空間で遊んでいるような感じですね。

過去も未来もなく、対象もなく、今の瞬間の連続を、ただ感じているだけ。すべての体験は、自己の魂が選択したものであるという大宇宙法則を胸に、「これでいいんだ！」とすべてを肯定的に受け入れて、ただ浮いているだけの状態。

そんなふうに生きることができるようになってくると、本当の自分の魂エネルギーである宇宙ソウル・ウェイブ（魂の本質である螺旋振動するエネルギー）と気持ちよく共鳴することができます。

そして、いつの間にかさらに自由で創造的なぷあぷあへと向かっていくのです。

つまり、ぷあぷあは、頭で無理になろうとするものでなく、自然にそうなるものなのです。

脳を使わずに（ガチらずに）、生命エネルギー主体で楽に愉しく生きる（ぷある）状態に！

そうして、誰もが本当の姿になっていく……。

それが私が提唱するぷあぷあな生き方で、新しいぷあぷあ地球人です。

もうすでに、そんな子どもたちがどんどん降りてきています。

以前、私が対談したかほなちゃんも、そんな一人です（ヒカルランド刊『かほなちゃんは、宇宙が選んだ地球の先生』参照）。

かほなちゃんというのは、ぷあぷあを自然に体現している当時小学5年生の女の子で、とてもピュアでシンプルな宇宙のメッセージを発信しています。

彼女は神さまの次元を超えて宇宙の大元に繋がっていて、私に会いたいと講演会に来てくれたのがきっかけで、二人で一緒に本を出すことになったのです。いつも私がいっている松果体を活性化させて宇宙の叡智と繋がる楽で愉しい生き方を体現しているので、かほなちゃんは今の学校についても「行きたくないなら、学校なんて行かなくてもいいんじゃないかな」といっています。

○ぷあぷあ社会をリードするヘンタイ人間、ヘンタイドクターたち

宇宙から見ると、これまでの地球の教育が一番遅れていました。

これは「ガチ教師」「ガチ親」が楽で愉しい生き方を知らないからです。

ところが、ピラミッドがネオシリウスのエネルギーと繋がって覚醒したことによって、地球人のガチな生き方自体が変容を促されます。

なので、これからは私が提唱している「ヘンタイ人間」「ヘンタイ教師」がどんどん出てくることになると思います。

ヘンタイ（変態）とは、蛹《さなぎ》が蝶に変容して自由な世界へと羽ばたくように、ガチからぷあぷあに変容することです。

つまり、令和の時代は、ガチからヘンタイへ!!

ようするに、ガチガチの頭で子どもたちを抑圧して、「良い子」や「良い家庭」を演じさせない、むしろ他の人とは違う「異色人間になれ！」といえるのがヘンタイ教師です。

そのために、人との違いを批難するようなこれまでの教育から、違いを賞賛する教育に変えていく必要があります。

いくら同じ形の○ばかり集めても、ジグソーパズルは組み上がらないように、いろんな形が寄り集まってこそ完璧なパズルができあがるわけで、そんなふうに違いを認めて賞賛しあえれば、争いや戦争になることもありません。

ですから、まず、自分自身がヘンタイ化して、そして子どもたちにもヘンタイ化教育を提供していく、これがこれからの新しい教育者です。

もちろん、政治家や医療者たちも同じです。

今までのように、税金を無駄遣いしたり、自分たちの利権を守るためだけの低レベルな政治家は淘汰されて、ヘンタイ政治家が風穴を開けて、これまでの政治の枠組みや仕組みそのものを変え始めるでしょう。

実際、私が提唱している世界に興味を持ってくれている議員さんもいるので、「ヘンタイ議員を10人くらい集めて新しい党をつくったらどうですか!?」などと提案しているところです。

医療に関しても、これまでのガチ医療者たちは追い込まれて失速し、私を筆頭にヘンタイドクターたちがあとに続くと共に、ヘンタイ化した弁護士や科学者たちもどんどん増えてくると思います（ヴォイス刊『いのちのヌード まっさらな命と真剣に向き合う医師たちのプロジェクト「ヘンタイドクターズ」』参照）。

これからの地球のリーダーは、世の中の常識や固定観念から解き放たれ、業界の常識や固定観念からも自由になる新地球人です。

中でもヘンタイドクターは、人間の「命」「身体」「健康」「病」「幸せ」「魂」について、常に真実を追求し続け、死は医療の敗北ではないことを示し、誰もが直面する死と病気を芸術にするためのヒントを与えてくれるに違いありません（ヴォイス刊『死と病気は芸術だ！』参照）。

ところが、今までは「地球を大切に。地球に感謝しなさい」などといって第二の松果体だけを使っている人たち、またガチガチのスピ系の人たちは、単に「宇宙と繋がれば幸せになれる」と思い込んでいました。

しかし、宇宙の叡智と地球の叡智がハートで繋がらないと自分を好きになれないし、自分を好きになれない人はハートで繋がれないので、この世でハッピーになれないのです。

自分を好きになるということは、宇宙の叡智と地球の叡智をコンバース（対話）できて、そこで初めて天・地・人が繋がるのです。

ピラミッドが覚醒したことによって、天・地・人が繋がりやすくなって、ヘンタイ化する地球人が増え、その結果、地球全体がひっくり返えるのです。

このように、各分野でヘンタイ化した人間たちが自由に愉しみながら、ぷあぷあ社会をリードしていくことでしょう。

○世界の中で日本の役割がキーになる！

私がピラミッドを覚醒させたのは、まさにこのように地球人類の魂意識の進化を促すためです。

そして奇跡的に自由な社会を実現するためです。

今後、明らかにそのような変革が起きてくる中で、とりわけ菊花十六紋のエネルギーを持つ日本が世界の中でキーになることは間違いありません。

なぜなら、日本の神道が世界でも高レベルだからで、今回私がエジプトに行って再確認してきました。

日本人は、もともとエネルギー体としての神とも繋がっていて、そもそも霊性が高いのです。しかも、日本の神道はすべての宗教的なエネルギーを包括していて、いわば大元ともいえます。それくらいエネルギーが高いのです。

それは、天皇陛下の即位礼正殿の儀や大嘗祭などに注がれている宇宙エネルギーを見ても明らかですが、スポーツや科学や芸術の世界などでとりわけ今、日本人が脚光を浴びていることでもわかります。

先般開催されたラグビーワールドカップ（W杯）日本大会で準優勝したイングランドのエディー・ジョーンズ・ヘッドコーチは、1次リーグ敗退に終わったスコットランドに対して、『スコットランドは日本からインスピレーションを得るべきであり、世界の中で最高の「小さいチーム」になるべきだ』と語ったそうですが、日本人のチーム力が世界的に高く評価されたことはまだ記憶に新しいでしょう。

これは、「もうガチ脳を使っていてはダメだよ」ということです。

脳でいろいろ考えて行動したり、脳から発信されたものを学んでも大したことではないし、魂は覚醒しません。

ようするに、脳を通して発信されたものは、魂の声ではないということです。

なぜなら、脳であれこれ考え出したものは、常識や固定観念、古い集合意識などのバイアスがかかって必ず濁ったものになるからです。

例えば、書籍などにしても、脳で作り上げたハウツー本などは、人類の覚醒には決して貢献しません。

その点、私の本は、脳ではなくて高次元のエネルギーをそのまま文字に変えているので、私の本を読んだだけで自然にエネルギーが入っていくのです。

つまり、いかに常識や固定観念、集合意識から自由になれるかが大事で、そうすれば、本来の魂のエネルギーと共鳴して、内側からエネルギーが引き出され、その結果、覚醒するのです。

誰かが脳でつくったものをいくら暗記しても、まったくつまらないし、意味がない。魂が共鳴して内側からエネルギーが引き出されないと、覚醒することはないのです。

魂が共鳴すると、「こうあるべき」「どうなるべき」が減ってくるので、そうなると過去や未来に対する後悔や不安がなくなっていって、「今」に対してエネルギーを100％全力投入できるようになります。

これまでは、過去への後悔と未来への不安で99％だった。そこから解放されると後悔や不安は1％になって、今に対してエネルギーを99％使えるようになる。

これが三次元社会がひっくり返るという意味で、ピラミッドの超覚醒によって、もうそのような世の中になりつつあります。

○ピラミッド覚醒で愉しく生きられる世界へ

これまでは、脳を使ってもがくことで学ぶ時代だったので、私も「もっともがきなさい」といってきましたが、とりわけ我慢好きな日本人にもがく学びをする人が多かった。

ところが、もがいてもがいて生きてきた人たちは、やがてもがく必要がなくなって、しかもピラミッドが超覚醒したので、やっと楽で愉しく生きられる人たちがもっともっと増えてくるようになると思います。

そうなると、今まで良いとされていたことが悪くなる、悪いとされていたことが良くなるでしょう。

そして、努力したり我慢したりして自分を変える必要がないということがわかってくる。

そんなふうに、ありのままでいけばＯＫ、魂に正直になりさえすればすべてうまくいくようになってきます。

まさに高次元はそういう世界です。だから、ありのままで生きている人にこそ、高次元の宇宙エネルギーが降り注ぐ、そしてガイア、生命体としての地球が全部サポートしてくれるのです。

ありのままというのは、ネガティブのままでも良いし、ポジティブになろうというのでもありません。

これまでは、ポジティブ思考になろうとすればするほど、ネガティブになるのがオチでした。気にしないようにしようと思えば思うほど、それが気になってしまうのです。

例えば、病院に行って、「気にし過ぎですよ」といわれ、「わかりました。気にしないようにします」と答えたとしても、絶対気になってよけいにストレスが溜まるでしょう。

なので、私なら「もっと気にしなさい」というようにしています。一日中そのことばかり考えているうちに、やがて疲れて気にしなくなるからです。

このように、これからは無理をしないのが大前提、そしてありのままで生きる、これが天・地・人が繋がった状態です。

そして、日本人が覚醒するためには、「違い」を「自信」に変えることです。

あなたが、自分のことで、劣っていると思っていることは、実は、優れていることです。

大宇宙では、他と同じものは、価値がありません。

他と違っているから、役立つのです。存在価値があるのです。

また、大宇宙では、善も悪もありません。

ですから、本当は、地球でも、悪いこと、つまり、劣っていることは、存在しません。

ただ、違い、があるだけです。

日本人の多くは、これまで人と違うことを恥ずかしいとか劣っているというふうに捉えてきましたが、違いにこそ価値がある、みんな違うからこそ、この宇宙が存在し、それぞれに楽に愉しく生きられるということをぜひ知っておいてください。

○日本人はもともと感性や霊性が高かった

もともと日本人は感性や霊性が高いので、ギザのピラミッドに降り注ぐネオシリウスのエネルギーに共鳴さえすれば、いつでもありのままの姿になれます。

そのためには、目に見えない世界があるということをまず受け入れる必要があります。

たまに、私の本を読んで、「先生の言っていることがわからない、理解できない」という人がいますが、それはガチ頭の脳で理解しようとするからで、脳を休ませて感性だけで受け取ればいいいんです。

この本にしても頭でいろいろ考えて理解するものではない、脳を休ませて感性だけで受け取ればいい、ようするにエネルギーだけ受ければいいんです。

日頃から感性でエネルギーを受け取るようにしていれば、高次元の情報についてふっと思いついたり、夢の中で教えられたり、体外離脱をして宇宙存在から学んだりしたりしながら、科学や医学などが一気に高次元に向けて統合されていくでしょう。

なので、これからはＡＩ（人工知能）もひっくり返ります。

つまり、今のＡＩモデルよりも、もっと優れたヒューマンが生まれるのです。

実は、これがピラミッドを開いた大きな意義の一つでもありました。

ピラミッドが閉じた状態のままでは、絶対人間はＡＩに勝てません。

なぜなら、コンピュータに使われているシリコンは、同じ珪素でも人間の松果体よりもエネルギーのパワーが強力だからです。

これまではピラミッドが封印されていたために、宇宙の叡智が弱かったので人間の松果体のエネルギーも低いままで、そのためヒューマンはＡＩには勝てなかった。

しかし、これからは、宇宙の叡智が強力に松果体に注がれると同時に、ＡＩには共鳴できない地球の叡智のサポートも得られるようになるので、覚醒した人類はＡＩよりも優れたモデルになり得るのです。

そのために、私が日本の神々や龍神たちを目覚めさせているのですが、日本人の霊性が目覚めて霊性大和が復活すれば、地球全体の次元もアップすると思います。

これまでは、医者や科学者で「日本の霊性はすばらしい」という人は数えるくらいしかいませんでしたが、これからはもっと増えてきて、「もう今までのようにもがかなくてもいい」という魂のメッセージに共鳴する人たちがあとに続いていくでしょう。

○自分が無条件に喜ぶことさえしていれば、なりたいようになっていく

楽で愉しく生きるようになるというのは、心を喜ばせたり、身体を喜ばせるものにお金や時間を使わなくなって、魂を喜ばせる、魂を成長させるものにお金や時間を使

うようになるということです。

魂を喜ばせるものはどういうものかというと、それはありのままの自分が無条件に喜ぶことや出来事です。過去も未来もなく、常識や固定観念にもまったく縛られず、無条件に今、自分が喜ぶものやものごとにお金や時間を使う。そうすれば、そのお金や時間は結果的に何百倍にもなって返ってくるのです。

つまり、あらゆる脳の制限を外して、自分だけの宇宙の主人公として、あるがままに自由に生きることです。

これは、魂は完全で完璧で、愛でいっぱいだから、何も条件をつける必要がないということです。

私の本はそれを感じさせるための本です。

ありのままのあなたは何も変える必要がないし、特別な何かをする必要もありません。

ありのままのあなたが、結果として自然にいつの間にか変わりたいように変わるだけ。

ありのままのあなたは、すでに完全で完璧で愛に包まれてるから。「こうなりたい」「こうならないといけない」というものは、実際にはそうはならない、これが大本質です。

ありのままの自分、魂がなりたいことは勝手にそうなっていくのです。そうでなくて、脳でなろうと思ってなったものは、すぐ崩れます。もしそうなったとしても、それは一瞬で終わります。

ですから、魂を覚醒させるのに、「○○してください」とか、期限を区切って「いついつまでに○○をすれば覚醒するでしょう」などと、プロセスばかり説明している本がありますが、あれは逆にエネルギーが下がります。

それは、従来の「こうあるべき」「こうやらないといけない」という古い集合意識と同じで、その時点でエネルギーは下がってしまうのです。

ようするに、ややこしいプロセスやハウツーではなくて、ただ魂が喜ぶことをすればいいだけです。

それが、天・地・人、つまり宇宙の叡知と地球の叡知をハートで繋ぐことです。

ピラミッドが覚醒した今、自分が無条件に喜ぶことをやっていれば、今までのように努力したり我慢して自分を変える必要がないということが自然にわかってくるはずです。

元々、完全で完璧で、愛に包まれている、ありのままの自分でOK!! という気づきが起きるのです。

これが魂の覚醒で、ピラミッドが新たに覚醒したことによって、さらに多くの人たちが覚醒しやすくなっています。ぜひそのエネルギーをハートで感じてみてください。

○本当の覚醒とは?

ここで私がいう「覚醒」と、スピリチュアルな分野でよく使われる「覚醒」の違いについて説明しておきましょう。なぜなら、巷《ちまた》で飛び交っている覚醒という言葉の意味が正しくないからです。

例えば、覚醒して、「アセンデットマスターと繋がった」「守護霊や天使が語りかけてきた」「マリア様がサポートしてくれている」などというのは、中途半端に自分の振動数（エネルギー）を変えたためにノイズをキャッチしているだけで、本来の覚醒とはほど遠く、むしろ覚醒を妨げるものです。

そもそも、魂自体はエネルギーが高く、あるがままで完全で完璧、愛に包まれていて何も変える必要がありません。そしてその瞬間の感覚を持ち続けることが、覚醒するということです。1秒後でも1秒前でもなく、0秒でないと覚醒の感覚は味わえない、覚醒というのは、それに、どの瞬間にでも気づき続けることです。

いい替えれば、覚醒とは、自分自身の振動数を上げていくことによって魂の大元そのものに近づくことであって、それを一言でいうなら、覚醒とは、もがかなくなることです。どの瞬間も、何が起ころうとも、自分があるがままで完全・完璧で愛でいっぱい、ということを受け入れられる、これが覚醒です。

それに対して、脳が望んでいる願望を叶えることは、プロセスとゴールという思考と行動が入るため、覚醒ではありません。脳ではなく、魂の望む方向に行くのが覚醒であって、覚醒は時間をかけたり、人が人に教えられるようなものではないからです。

なぜなら、そもそも魂には上下はないし、覚醒したくない人は覚醒しなくてもいいのです。それは一人ひとり魂のシナリオが違うからです。つまり、多次元パラレルの自分宇宙の中のどの自分を選ぶかだけの違いです。いずれにしても、頭で覚醒しようとする人間は覚醒できないのです。

「〇〇しないと覚醒できない」などということはなく、覚醒とは、本来の魂の状態に近づくだけなのです。

例えば、大切な人をいつくしむこと、病気の人を癒やすこと、今回のような台風の被害を受けた人たちを助けること、優しい言葉をかけることが愛だと思っている人も多いと思いますが、本来の宇宙の愛はそれとは逆が多く、はっきりいえば「見守るだけ」のほうが多いのです。なぜなら、愛の本質は、脳が望むことではなく、魂の喜びを促すことであり、魂は脳とは違ってもがくことによって喜びを得るからです。

但し、覚醒した宇宙の叡智と地球の叡智を自分のハートで繋げられれば、もっと楽で愉しい魂の望みどおりの人生を送ることはできるし、88次元である私は、まさにそれを促進するために、今ここに存在しているのです。ですから、真の大宇宙の本覚醒はまったくプロセスもゴールもいらなくて、その場でできるし、今この瞬間にそれができる、中途半端な次元の人が覚醒を語っても、しょせんそれは的外れです。

私は10年以上前からこういう話をしてきましたが、未だに間違った覚醒について吹聴している人や、それを鵜呑みにしている人たちが少なくないようなので、あえてここでも言及しました。

いずれにしても、ピラミッドの封印が解けたことで人類は覚醒に向かい、地球は「愛と調和による喜びと感動の星」へと進化していくことでしょう。

そのためにも、私たち一人ひとりが常識や固定観念にとらわれず、ハートにしたがって自分に正直になり、それぞれの役割を果たしていくことが最重要になっていくと思います。

あとがき

私は今生を最後の地球生とし、大宇宙から託された大使命を果たすために、人間の身体という土台を診る医師になり、人類の魂の進化のため活動しております。

数年前までは、人間だけを対象としていたのが、今では神や高次元存在、宇宙社会と存在、地球生命（ガイア）などのエネルギーを開くことを国内外で行うようになりました。これも、私の魂のＤＮＡに書き込まれていた宇宙スケールのシナリオであったようです。

私が覚醒させてきた神や宇宙のエネルギーをサポートとして、今回ギザのピラミッドの封印解除と、超覚醒が大成功の元、執り行われました。

そして、それに引き続いて地球上の各地にピラミッドを設置することができました。

これからの人類と地球の大進化と新生が楽しみです。

最後に、ギザのピラミッド開きにお力を授けてくださった神々、高次元存在たち、宇宙社会と存在たち、そして偉大なるガイアに、人類と地球を代表して盛大なる感謝を送ります。"THANKS".

88次元 Fa-A　ドクタードルフィン　松久正

ピラミッド
封印解除・超覚醒
明かされる秘密

令和二年1月18日　初　版　発　行

著者　松久正
発行人　蟹江幹彦
発行所　株式会社　青林堂
〒150-0002　東京都渋谷区渋谷3-7-6
電話　03-5468-7769
装幀　TSTJ Inc.
印刷所　中央精版印刷株式会社

Printed in Japan

ISBN 978-4-7926-0668-8

青林堂刊行書籍案内

青林堂刊行書籍案内

まんがで読む古事記　全7巻
久松文雄
定価各933円（税抜）

平成記
小川榮太郎
定価1800円（税抜）

ねずさんと語る古事記　壱、弐、参
小名木善行
定価各1400円（税抜）

チバレイの日本国史
——日本の國體とは
千葉麗子
定価1400円（税抜）